つづら折り回想記（望郷　北の大地）

青山江美著

目次

まえがき

著者の青山江美（母）は平成十八年五月に九六歳で他界した。母の健在な内に訊ねておけばと思う事が、一つあった。私達を取上げてくれた産婆さんは、何処の誰でどんな人だったのだろうか？別にいまさらそれを知った所で、普通どうと言う事では無いかもしれない。しかし、私が生まれた時代の状況がどうであったかは、やはり何となく気になってくる。その様な事を漠然と考えているうちに、更に昔の父母の生い立ちや戦前、戦時中の家族の生活等、いわゆる昔の家族の歴史と言う事も、殆ど知らない事に思いが至る。

母は何かあると、その当時の話を私に、聞かせて呉れていたのだが、此方もあまり関心を持たなかった。残念ながらあまり覚えていないのである。母が他界してから、後悔しても、それは、すでに遅く全く不明の至りであった。その後遺品の整理も、あまり気乗りせずついつい後回しになって居たのだが、先ごろ箪笥の奥から十冊にも及ぶ大学ノートが出てきた。其れは母の人生を振り返っての手記であった。

それを読んでみると、母の生い立ちから始まり、私達の家族の歴史や、其の時代の世相や暮らし、更に先の産婆さんの話などが詳しく書かれているのだ。母自身は此の体験や記憶が、自分の死によって消えてしまうのが堪らなく惜しく、私達家族に残して置きたかったのだ。

私達も、この母の幼女時代より戦前、戦中、戦後へと、日本の一番大変な時代を過した此の記録が誰にも知られず、日の目を見ずして埋もれるのは偲び難く、心底惜しいと思うのである。

そして私達自身も過ぎ去ってしまって、もう帰らないあれらの日々、しかし確実に存在したあれらの日々を確かめたい等と言う思い、そしてこの体験をもっと多くの方に共有して貰いたいと言う、いささか感傷的で高ぶった思いも在った。　そこでこの度、関係者により母の生誕百年と歿七回忌を記念して、つづら折り回想記の手記十冊中の二冊の「望郷　北の大地編」を世に出し、母の遺志を実現すべく発刊の運びとなった次第である。

本書は元々が自分史であるので、主に親族や、ゆかりの人が対象になっていて、第三者の方には全く関係の無い写真が多用されていたり、一部お解り頂けない所が有るのはお許し頂くとして、一般人の目から見た此の時代の世相や歴史の一資料について、また、幾多の試練を乗り越え、生き抜いた一女性のつづら折りの人生について、少しでも多くの方に何かヒントや共感を得て頂けたとすれば著者にとって、この上ない喜びとする所であろう。

最後に本書の中で我が家族との関わりを持ち、此の困難な時代に助けて頂いた、北海道や滋賀県の皆様や、多くの人々に、亡き母と共に謹んで感謝を申し上げる次第であります。又本書の出版に当り取材にご協力下さったり資料を提供頂いた多くの皆様に厚く御礼申し上げます。

平成二十三年二月五日　つづら折り回想記出版記念の会

写真・資料提供　以下順不同

佐々木活夫氏（池田町）
新津雅由氏（池田町　故人）
菅野孝雄氏（帯広市「フォトアート」画家）
池田町図書館（池田町）
帯広二建会（帯広市「帯広街並み」より）
郷土出版社（松本市「目で見る帯広十勝百年」より）
新津敏夫氏（池田町「拓墾は永遠に」から）
長島強氏（池田町農場経営）
新田の森記念館（幕別町）
帯広市図書館（帯広市）
上野敏夫氏（帯広市元市議会議長・とかち、帯広「建物今昔物語」より）

北海道の主な記載地域

大雪山国立公園
糠平ダム
雌阿寒岳
釧路
海道
十勝
足寄町
上士幌町
足寄IC
士幌町
白
糠
丘
陵
鶴居村
本別町
釧路平野
北海道横断自動車道
本別JCT
本別IC
鹿追町
新得町
清水町
芽室IC
帯広JCT
音更町
道東自動車道
池田IC
池田町
ワイン城
白糠町
釧路空港
釧路市
釧路町
十勝平原SA
長流枝PA
帯広市
幕別町
根室本線
芽室町
浦幌町
美生ダム
帯広岳
豊頃町
とかち帯広空港
大津港
十勝川
中札内村
十勝平野
更別村
イエクウチカウシ山
晩成
ペテガリ岳
大樹町

十勝平野
フンベ山
池田ワイン城
池田市街
幕別市街
すわ山　明野が丘公園スキー場より

第1部　生い立ちより〜昭和十八年

生い立ち

★　北村家・京都誕生と父との死別・聖ザビエル天主堂・堀家・母　★

大正三年の春の頃　京都河原町三条のキリスト教聖公会[※1]（聖ザビエル天主堂）の石段に三歳を過ぎたばかりの女の子が腰を下ろしていた。一人ぼっちで友達も無く、守りらしい人もいない。

するとドアーが開き長い髭の牧師さんが現れ、その女の子のおかっぱ頭をなで白い紙包みを渡された。女の子はニコッとして頭を下げ牧師さんを見上げ、紙包みを両手に受け取った。包みの中にはバナナの味がして軟らかいオレンジ色の洋菓子があった。

京都で母北村かずと江美

いい異人さん、好きな髭さんである。時々ふっと教会へ出掛けて行っては、何時も同じお菓子を貰っていた女の子は私であり、幼い思い出の其れこそ最初の一ページである。酒屋を営む生家の筋向いに其の聖公会が建っていた。

※（川原町三条は南側に二条城、西に京都御所、北側には平安神宮、東側に祇園や八坂神社のほぼ真ん中に位置し、家の近くには京極や寺町の本能寺、天性寺があり其の境内や門前でも遊んでいたそうだ。聖ザビエル教会は、現在犬山市の明治村に保存展示されている。）

父は北村幸吉といい、堅物で酒は飲まないが利き酒が得意で毎年伏見の利き酒会には酒造元より呼ばれていたそうである。しかし甘い物が好きで其れで胃潰瘍となり若死の因となった。妻との間に女の子がいたが、その妻は亡くなり後に滋賀県稲枝の堀家（農家で平流《へいる》村の庄屋を務めていた）から再婚の為迎えられたのが私の母である。

姑と十三歳になる先妻の子に尽くし随分働いたようである。父があまり丈夫でない為、若い者を使いながら寒い冬でも荷車で酒樽を木屋町の川で洗ったと話していた。
伏見稲荷の初詣に誕生そこそこの私を連れてお参りし、人ごみで私を肩車にして帰ってきて疲れた、重たかったと言っていたそうだが其れが最後で、その後病み付きとなったのである。

その当時扇風機を使い部屋の中央に寝台を置き、その下に大きな盥《たらい》に氷を入れて溶けると取り替えての看護であったとか。

おりしも明治天皇が崩御《ほうぎょ》された時で国民がこぞって、お命助からん事を念じ申し上げ、又出来る限りのお手当てを受けられてお亡くなりになったのに、わしが助かろうとは所詮《しょせん》無理な事であると言い諦《あきら》めの四十二歳の往生であった。

父　北村幸吉 42歳

私は無心で父の足の裏の硬い皮をはいでいた。父の死後、母はなおさらに働いた事であろう。だが父にはその当時としては多額の参百円もの生命保険が下りることになっていて、その保険を巡って私の運命は変わって行った。

ある日女の人が部屋に座ってしきりに祖母と話し合っていた。私は二階の階段の、のぞき窓からそっと覗いては又顔を隠しそして又覗いていた。

幼い私を一年間も残して行った母なのである。懐かしさと羞《はじ》らいとですぐには傍《そば》へ行かれないのである。でも私の大好きなバナナと姉様人形（おやまさん）を持ってきてくれたのである。

父の死後、祖母との折り合いが悪く居たたまれなくなって一年前から家を出、一人で大阪へ行き二階を間借りして、ミシンを習い生活の道を建てるため日夜頑張っていたのである。家に居られなくなった訳は保険金が母名義になっていた為都合が悪かったのであろう。

北海道渡道　★掏《す》り★

北村家ではミサ姉に養子を貰い私を養女に出す話も決まり、滋賀県の母の里（平流《へいる》）へ了解を得る知らせがあり、母の弟に当たる惣弥叔父《そうやおじ》が大阪の母の元へ知らせたのである。

折りも折り、末の弟捨次郎叔父が北海道帯広に呉服屋を開店したばかりで、女手が必要となり母は私を連れて渡道を決心し、京都の北村へ私を引き取るべく話し合いに来たのであった。

母は残してあった着物と、私は姉のせこを行李《こうり》に一個持って出ただけで父を偲《しの》ぶ物は写真一枚だけである。一時的に平流（堀家）へ帰りその堀の家から北海道へ旅立った。

大正四年の秋で数え年四歳の私を連れ、信玄袋を一つ背負い、見知らぬ遠い蝦夷《えぞ》の地は余程の決心でなければ行けなかったであろう。

赤羽駅を過ぎた時夜行列車で、うとうとと居眠りをしている間《あいだ》に懐の財布を掏《す》られたのである。隣の人に知らされた時は掏りが降りる処で、車掌さんに知らせた時は改札を出ようとしていたそうである。

切符は有ったが三十円入った財布は無く、子供を連れて旅のしようも無く、車掌さんに御願いして五円貸して貰う事となった。お金の返済は帯広に着いてからとし、又犯人が捕まって財布が戻ればその中からと、犯行を見ていた人もあり親切な車掌さんに母は感謝したであろう。（※後に此の出来事は掏りが捕まって財布が戻り五円差し引いて帯広駅に送られて来たそうである。）

財布を掏られて五円借りた暗い旅であった。

青函連絡船田村丸(青森港)

★　青函連絡船田村丸　★

青森に着き乗船である。乗り場から艀《はしけ》に移るには船が揺れて着いたり離れたりするので、母は私を小脇に抱えたが艀の中から男の人が抱き受けてくれた。　沖合いには連絡船の田村丸が停泊していた。田村丸に乗り移るにも木と縄で出来た物で、ゆらゆら揺れて海面が足元に見えるので、どうして乗ったか解からずただ怖かっただけである。

当時は青森港では桟橋設備が無いので陸岸から船に乗るまで艀「曳き船」で連絡していた。波浪が強い日などは命がけの乗下船となった。一等、二等客はタラップに艀をつないで確実な乗船ができたが、三等客は船の側面の乗船口から飛び乗らねばならなかった。

乗下船を手伝う船員も客にしがみつかれて体中が痣だらけになり、苦労が耐えなかったそうだ。稀に海中に転落する客もあったが、すぐに救助されて、これによる犠牲者は無かったそうだ。

田村丸の甲板は自由に歩けて嬉しい。カイツブリが波間に浮かぶのを見て「鳥が海に沈む鳥が落ちた」とはらはら叫ぶ私であった。船室といっても三等は船底にゴザが敷いてあり船底の形その侭で、揺れるとごろごろ転がらなければ成らないが体を横たえるだけでも、まだ楽で母は疲れて休んで居た。　四時間も五時間もの船は飽きる。　函館駅の階段は上り下りが嬉しく、発車間際まで列車に乗らぬと手こずらせたものである。

★　伏子駅　★

北海道の平野をまた何日も走るので、親も子も泣きたくなった事であろう。

帯広は幾つ目、幾つ目と指を折って数えている間に、とうとう間違えて一つ手前の伏子《※ふしこ》駅（現在は西帯広駅といい無人駅）に降りてしまった。次の駅が帯広ならと母は歩く事にした。始め喜んで歩いていた私も何処まで歩いても田舎道は遠いので、もう歩かなくなったであろうし、信玄袋を持った母はだましだまし困ったであろう。

秋の夕日の傾く初めて見る十勝平野の真ん中で。やっと叔父の家を訪ね訪ね着いたのは夕方であった。赤腹か魚を焼く匂いがしてほっとして空腹がしみる。

※　伏子駅と帯広駅間は直線でも約７ｋｍ

西帯広駅（旧伏子駅）写真集帯広より

帯広（幼女時代）　★　あんちゃん・お茶屋さん・幼稚園・栄楽座・小学校・稲枝小学校　★

帯広の叔父の家での生活が始まった。大通七町目　丸〆（〆）呉服店　店主は母の二番目の弟堀捨次郎であり番頭に野瀬信造、丁稚（北海道ではあんちゃんと呼ぶ）に勝間冶吉・田中佐吉・山田久弥・成宮嘉一みな滋賀県出身の男世帯だったので母が来て助かったのである。

駅前から乗合馬車がラッパを吹くと馬車が来た、馬車が来た、乗れ乗れ乗れ乗れと聞こえた。道幅だけの広い通りであった。

あんちゃん達は毎朝毎朝吐く息でランプのホヤを曇らせては拭いていた。寒い冬の朝でも手をかじかせながら火の気の無い板の間でひたすら拭いていた。

母はミシンで軍隊シャツ（今で言う作業着）を何枚も仕立てて夜なべで布団もこしらえていた。

佐吉どんをおだて相手にして綿入れを手伝わせ、仕上がった布団を店頭の木箱の上に積むと、すぐ売れて次から次と仕上げていた。私は遊んでもらえず森永キャラメルを五銭十銭と買って貰い傍《かたわら》で仕事を見ていた。

翌年の四月ふっと覗いたお茶屋さんの奥に雛人形が飾られていた。「あんた何処の子？上がって見てご覧」と云われ含羞《はにかみ》み乍ら上がらせて貰うと、息を呑み目を見張るばかりのお雛様である。三月の雛祭りは未だ寒いので「うちは今の時期に旧のおひな祭りをする事にしている」と言われた。　お茶屋さんの女主人は佐藤そよさんで養女の梅さんと二人暮らしで借家を持ち、お茶店をして気楽そうに暮らしておられた。肩が凝るといって、おこそずくめの着物の長裾を引く様にし衿は抜き衣紋、髪は鬢《びん》も、つとも作って乱れず結い上げ、歯はお歯黒にしていた。北海道の昔の家は皆そうであるが、茶の間は特別きれいで炉辺《ろばた》には炉鉤（自在鉤）に磨かれた鉄瓶が掛かり灰は濾《こ》されて美しく、炉箒で条《じょう》がつけられ炉辺はピカピカ、万事その様で私は足を拭いて上がらされた。

〆さんへ来た父親や兄弟の無い子と言って、とても可愛がってくれ、その後毎日毎日行かぬ日は無くお茶屋さんのおばさん、姉さんと言って随分とお世話に成った。

母とはあまり出掛けないのでお使いに連れて行って貰うのが嬉しくて、何処までも後を付いて行ったものである。

帯広の〆呉服店(大正４年)

ある日私が何か気に入らない事があったのか、お茶屋さんの二枚屏風を倒し、その上をポカポカと踏んでしまった。「あれー」と驚かれる声を後に私は逃げて帰ってしまった。母には黙っていたが二三日経ってから怒らないから又来て欲しいと言って来られ、母も始めて知り、お茶屋さんに謝るやら私は怒られるやらであった。

幼稚園はキリスト教教会に有り一年半程通った。帯広の大通りの真ん中を目立つ赤いマントの女の子が幼稚園へ通っていた。母は赤と黒の格子のネルで見様見真似で帽子の付いたマントを作ってくれた。園長さんは臼田うめさんで帯広聖公会の草分けで慈善事業の功労者であった。

帯広で母と出掛ける時は春は帯広神社裏で土筆やタンポポ採り、秋は胡桃《くるみ》を拾いに行った。タンポポのおひたしは美味しく大勢の若者達の惣菜となった。

マントのボタン

母は芝居や義太夫が好きで時々口ずさみ、栄楽座（後の帯劇、現在はパーキング）に良い芝居が来ると夕食もそこそこにして私を連れて行ってくれた。仙台萩※（伊達家のお家騒動の物語）を見たあくる日、店へその役者が買い物に来たのを見て、「この人悪い人」と指差し店の者に袖を引かれたが其れでも尚「この人憎らしい人」と本当に憎しみを持って睨んでいた。

その役者は前夜、仙台萩の八汐役で、鶴千代に毒饅頭を贈り毒殺を謀ったが千松が身代わりに食したので露見を恐れ刺し殺す。其れを見たから真顔で着流し姿の役者にでも悪に対しての怒りであろう。しかしその八汐役の役者は良く出来たのだそうだ。

帯広尋常高等小学校に入学した。入学してみると幼稚園で感じなかったのに何か自分が皆に遅れているような戸惑いがあった。石版に石筆で丸を10ずつ書いたりアイウエオを習ったり（幼稚園では字は教えない）するとどうしても上手に書けない。皆に付いて行きにくいと幼心に思われた。これは七歳の早生まれのせいか一歩遅れの不安があった。そのまま学校生活に慣れないまま滋賀県へ帰る事になった。掘の実家を継ぐ筈であった惣弥叔父夫婦が帯広店の取締役に就任した事により国許（平流）には祖父惣次郎一人に成るからである。

★　稲枝尋常高等小学校　帯広堀家の結婚式　★

私たちは田舎の留守番役になってしまった。そして稲枝小学校に転校した。赤田かめ先生は入学したその日に、肩にギャザーのある白いエプロンは田舎の子供には馴染めず、別物になるといけないので、直ぐに止めて腰から下の前掛けをする様にと言われ、翌日より紺絣《こんかすり》の前掛けをして平流から長い遠い松街道を歩いて通学をした。　体操の行進の時間には手の振り方、足の上げ方の模範となり、やはり田舎の学校はスムーズに溶け込む事が出来た。　学芸会のとき「京の五条の橋の上」と皆が歌うと牛若丸役の私は、「牛若丸は飛びのいて……」と一人で歌わされた。

この様に田舎では、のびのびと過ごしていたが、只スペイン風邪を引き苦しい思いをした事が記憶に残る。（私の廻りでもこの流行《はやり》風邪で何人か亡くなった。）

しばらくして帯広の〆堀呉服店の捨次郎叔父がお嫁さんを迎える事になった。本家（平流）で式を挙げ北海道の店が家となる。叔母は筑摩《ちくま》から嫁いで来た。今でも琵琶湖湖岸を通ると此の家が糸枝叔母の実家かしらと気になる。

帯広尋常高等小学校

石盤

結婚式の日私は三々九度の盃のお給仕をする事に成り、お寺の教願寺の奥様にお行儀を習ったものである。その当日私は姉のお下がりの絣のお召しの袷せにモスの紫色の袴をはいた。

しかしもう一人の八町の照子さんは縮緬の花模様の振袖に帯をお縦てに結んで来た。二年生だった私は母が折角作ってくれた袴《はかま》も喜ばず、ただ悲しかった思い出がある。私の幼い僻《ひが》みだったのである。

※（此の堀呉服店は後の帯広文化服装学院の前身となり、学院長の堀秀子さんと養子で弁護士の清さんとの結婚式S18年には、私の娘の洋子が三々九度のお給仕をしているので堀家二代の婚礼に私と洋子がお勤めした事となる。また後年のS34年に長男博道が帯広の熊野家四女澄子と結婚するが、このご縁は堀清、秀子夫妻の仲立ちによるものである。）

堀三姉妹

帯広店は二夫婦になったので惣弥叔父夫婦は滋賀の国許（平流）に帰り、家を持った方が良いのではなかろうか長男は家を継ぐというしきたりもあり、その代りに母が店を出しては如何かと話がまとまり、母もその意気込みで再度渡道する事に成った。

暫く慣れた学校も友達も別れて又北海道である。私は毎日仕事の様に瓦や石を集め水で濡らしては瓦を擦り色々の形にしたものや、数珠玉を繋《つな》いだものを竹棚の下の窪みに密かに貯めて楽しみにしていたが、其れを持って行く事は出来ない、沢山のお手玉も持って行けない。

私の宝物を残して出るのが悲しくて隠しておいた。持って行ける物は今度、三年新学期に習う教科書と学用品の一部だけで河瀬駅に向かう橋の上で、母に内緒で持って来たお手玉を袋のまま投げられてしまった。また作れば良いと言うが私にとっては又と無い宝物である。

川に投げられた時は母が恨めしくて泣けてきた。それは江州を振り切っての別れであり幼い夢の断ち切りであった。今度は捨叔父と糸枝叔母の住む店なのである。

又帯広の小学校へ入った。読み方のアクセントがまるで違う。田舎で習った二年生の読本は田舎の節で、三年生の読本は帯広の節で転校してからは落ち着かない一ヶ月であった。

池田店の開業と少女時代

★開業〆北村呉服店・渋工場・小豆拾い★

池田に適当な出店する所が見つかった。根室本線と北見線の分岐点で機関区が在るというのが長所の小さな町であった。

池田は十勝平野の東部に位置し、北に大雪山脈・西に日高連峰・東に白糠の丘陵、南には太平洋の間の平野である。

最初の店は池田駅を降り大通りへ曲がる西側角は後の拓殖銀行で其の隣の家である。叔父の店から二三人の店員と母や私と共に店を手伝うと言う勝間治吉との引越し開店であった。

先ず古着からとインバネス（マント）や着物、帯や腰紐が吊るされた。昼食用にご飯を炊いたままの釜を母が背負って来ていて、向かいの食品屋で沢庵一本十銭也を買いに行き、まな板代わりに釜の蓋を俯け沢庵を切っていたのを覚えている。

開店早々一番に入ってくれたお客さんは池田館と言う旅館の主人で、なにかと羽振りの良い買

開業時の〆北村呉服店

い物をしてくれたので、母や勝間も喜び其の後も思い出しては喜んでいた。
※（此の池田館の主人は長野県佐久出身の方で十勝開拓の功労者である新津繁松翁の弟の新津亀蔵氏で当時の十勝では新津一族の全盛時代であった。）

帯広店の時のお客さんで歯の治療で帯広に通っていた、池田鉄道官舎の唐沢さんが訪ねて来て、知らぬ地で初めて知った人に逢い、嬉しかったのを思い出す。

唐沢さんには先ず十勝川べりの野地《やち》（湿地）に、芹のある事を教えられ毎日の様に母と芹取りに行っておかずにした。北海道一番の野草である。

そして畑を世話して貰い母は大喜びで朝早くから池田神社の辺りまで野菜作りに出掛けていった。何の道具も無いので唐沢さんから貰らったり借りたり又買ったりである。初めて野菜の収穫が出来た時はどんなにか嬉しかった事かと想像できる。

さて又転校である。池田小学校の校門を潜ると六月の運動会の練習中であった。袴姿《はかますがた》の高一高二の女生徒が天然の美（空に囀《さえず》る鳥の声、峰より落つる滝の音‥‥）を踊っていて、その美しさに驚いた。　雨天体操場での行進中で十一州からなる北海道の地を賛美した行進曲であった。其のときは勿論いまだに解からないが、十勝岳や石狩川を入れ我らが愛する十一州と歌っていた。

うどん屋のたかちゃん、雑貨屋のつぎちゃん、時計屋のおこうちゃん、近所に馴れたと思ったら又引越しである。今の家は店も住む部屋も余りにも狭く、四丁目先の五丁目へと今度の家は店も部屋も広くなり、帯広のお茶屋さんの佐藤そよさんも、お呼びすることも出来たし、畑や学校

池田館と　新津亀蔵氏

も近く私の行動範囲も広くなってきた。

根室本線の踏切を渡り高台（清見ヶ丘）へ登る途中に渋会社があって、木材の皮から渋を採り刻まれた血色の木片が、ボタ山の様に高く積まれ山を成していた。其のかすの皮が乾くと良く燃える事を友達に教えて貰った。学校から帰ると布袋と短い熊手と背負い帯を持って、その山へ出掛けて行った。

成るだけ大きく、粗く、乾いたところを袋に詰め、口を括《くく》りさらに帯を輪にして其の上に横に寝かせ、下の方に体を置き頭を輪に突っ込み紐先を脇下から胸へ回して括りヨットコショと立ち上がり帰ったが、渋皮は次第にたまり小屋の中に高く積み上げられストーブの薪に加えて焚くのに火力があって、とても重宝であった。

※（皮革のなめし剤として樫の木の皮等からタンニン「渋」を抽出したかす）

小豆拾いにも行った。秋にもなると十勝の大豆小豆が貨車より降ろされ、人夫が豆選り工場へ運ぶ時、また選られた豆を貨車に載せるとき鈎に引っ掛けるので、さらさらとこぼれるのである。

其れがたまっていて固くかためられた雪の上に赤い小豆がざっくりと落ちている。其れを小帚と塵取りで掬《すく》い取り袋に入れて持って帰るのである。 豆選り工場は冬の女の人の唯一の働き場で、寒い広い工場で台を並べ腰掛けて手で選り分けていた。其の当時薪ストーブ位の暖房しかなかったであろうに。

根室本線　池田機関区踏み切り
（H２３．１）

★　冬の遊び　★

また遊びは木橇《そり》を頼んで頼んで作って貰い、其れを引いて坂へ出掛け前部の紐を持ち跨《また》がって滑り降りたり、腹ばいで逆さまになって滑り降りて遊んだ。　また大通りを通る馬橇にサット乗り、馬車引きに少々叱られても降りず大通りの北から駅の方へ、駅から家を通り過ぎて町外れ迄、又乗り換えて繰り返し繰り返し夕刻まで遊んでいた。

ある日高台の方へ乗りに行き、急に馬橇を走らされて、降り様が無く山に連れて行くぞと脅され泣きべそになり、やっと麓《ふもと》近くで降ろしてもらった。雪の日高山脈に夕日の落ちる美しさを子供心に感心しながらホッとして走って帰ったこともあった。

春六月になり高台へ鈴蘭を採りに行った。足元いっぱいの緑の葉陰に鈴蘭が白い鈴を覗《のぞ》かせてすがすがしい香りを匂わせている。一本一本、花ばかりを引き抜いた後に葉を五六枚添えて手に一杯採って帰り、瓶に挿すと香りがきつ過ぎて頭が痛くなるので外へ出したり、今思えば勿体無い事をしたものだと思う。

★　ピアノ資金集め　★

其の頃小学校ではピアノが無いので、ピアノを購入する為の費用に劇や音楽会を開き、其の純益で購入しようと言う事になり準備の稽古が始められた。役割の決まった後、病気になった人が出来て私が其の代役をする事に成った。かちかち山の後日物語（今で言うパート2）である。

狸への仕返しで狸を捕まえて改悛させる筋書きであるが、私はおじいさん役で母に縞《しま》の袢天に

馬橇　　　写真池田町史より

紺の股引を作って貰い、わら草履に鍬《くわ》を担ぐ出で立ちで舞台（池田唯一の富士美館といい、芝居、活動写真なんでも此処で行われた）に出ると「ワアッ」との拍手で台詞も田舎のお爺さんらしく身振り手振りも、どうやらうまく出来た様である。

その後町を歩いていても目引き袖引きで、あの子だ、あの子だと人気が出て二回、三回と出る毎に、主役、独唱とまでなり唱歌の方も認められ舞台馴れして人前で歌っても落ち着いていた。

楽屋裏で中白砂糖を溶かし一升瓶に詰めたものを飲み舞台に出たが、あの美味しかった事も忘れられない。授業中に肉桂（ニッキ）を齧《かじ》っていたら俄かに呼び出され、教室で歌わされ咽喉が辛く声が出なかった事があった。

9歳時　治吉あんちゃん

★ 十勝川、利別川の氾濫（大正十一年）★

大水の思い出これも其の頃で台風で十勝川も利別川も氾濫し駅前の千龍館は水浸し、町も南西方面は浸水し、マッチ工場や向かいの方から馬が泳いで来るやら、鶏が屋根に乗ったまま家ごと流されて行った。その後堤防が出来たのである。七夕の夜はローソク頂戴と言って軒並びの店を歩き、ローソクとお菓子を貰い両袂や懐に入れて帰ったり、芸人が流しに来ると料亭に上がらせて貰って迄見た。たいてい小娘二人に踊りや芸をさせていた。

随分と私はきかんぼう（やんちゃ）であったのかしら、何の気も付かず北海道の大自然の中ですくすく育ちながら、其の良さを感じなかったのが今更ながら惜しまれて成らない。しかし大切な思い出を持つ幸せ者である。

★　治吉あんちゃん・山菜・ぶどう酒・鮭・表彰　★

店も次第に発展していき又向かい側の家（五丁目の西側通り）を買い取り引越して行った。

勝間治吉どんは商売が上手でよく働いた。夕方や日曜になるとテニスに熱を上げていた。

テニス友達は銀行員や小学校の先生方で私達家族も自然と心安くなり、お正月には店でカルタ会が催され先生方や銀行員の人で大賑わいであった。

私も始めの人数の足りない時に入れて貰い、北海道特有の木の札を用い、下の句を読んで間髪をいれず下の句を取ると言う乱暴さで赤毛布の上を叩きまわし、札を手先で跳ね飛ばした。まさに戦いとも言える程であった。

治吉どんがカルタ大会に行って帰りが遅いので迎えに行った事がある。頭に鉢巻、赤や紫のたすき姿のすざまじい出《い》で立ちで、とても徹夜で終わりそうもない。あの頃は夜出歩いても平穏安泰の世であった。今の世と比べると其の事も幸せであった。

唐沢よしさんは佐渡出身でご夫婦共に親切であった。　先ずお客さんを紹介して連れて来てくれたり畑は勿論　野の物、山の物、沼の物と教えてくれ春夏秋と母は一緒に出掛けて行った。

勝間治吉どんとテニス仲間　　池田小学校

春は蕨《わらび》、ぜんまい、きのこ採りで近い山では物足りず隣駅の豊頃《とよころ》まで出掛け30kg程の蕨を採り、通過中の貨物列車を合図で止めて、荷物を放り上げ後から体を引っ張り上げてもらって乗り込み、うんすこ背負って帰ったものである。何分唐沢さんの御主人は鉄道員、貨物列車の機関手も助手も知り合いなので大らかなものであった。

夏は沼へエビや菱の実、田螺《たにし》取り、私は茸《きのこ》や山葡萄採りである。御用籠を背負って山葡萄を採ってくると粒をもいで甕《かめ》に詰めておくと自然に発酵し葡萄酒が出来る。それを漉して砂糖を入れ煮て一升瓶に詰め、紙の栓で蓋をする。これが後に現在有名な十勝ワインと成ったのであろうが、この純粋の手作りワインの風味は忘れ得ないものであった。

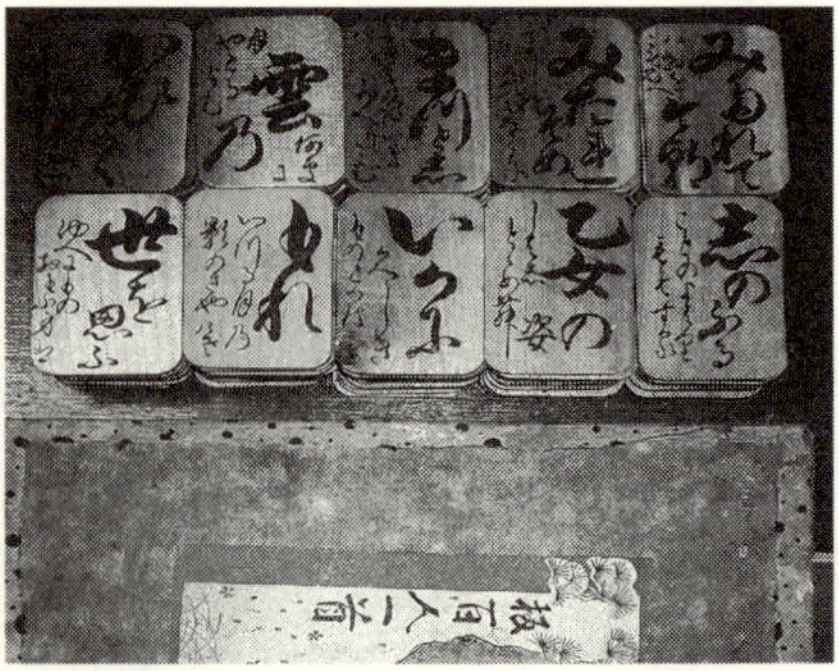
木の板で出来た北海道特有のカルタ

大量の鮭が背びれを見せ十勝川を遡上していく。とても手を拱《こまぬ》いて見ていられる物ではないので密漁者は絶えない。其の密漁物をそっと世話してもらい一尾八百匁から一貫匁程（3kg以上）の物を毎年十本は買い、夜そっと料理に取掛り塩をして菰《こも》に包み新巻にする方法も教えてもらった。これも内緒もので小屋の上にむしろで包み重しをして隠しておいた。

秋の収穫が終わった畑にひとり生えの山葵《わさび》（蝦夷山葵）が青々と頭を出す。其れを起こしに行って根を洗い薄くそいで、酒糟に混ぜ合わせ山葵漬けを作る事も教えて貰い、唐沢さんとは長い間のお付き合いで肉親にも勝った間柄であった。

丁度十月の末に弁当を持っての葡萄採りの約束をしていたが、母は急用で行けなくなったが、其の朝おばさんは近所から貰った鮭の寿司で中毒になり二日間苦しんで亡くなられた。達者な人があっけない最後で鮭を見たりした時に唐沢さんを思い出すが、此の時母に急用が無かったら、事によれば鮭寿司を相伴していた可能性も有ったかもしれない。

六年の受け持ちは尾澤先生といい、背の高い猫背の先生で男女組だった。黒板に「東海の小島の磯の白砂に我なき濡れて蟹《かに》と戯《た》わむる」と啄木の歌を次々と書いて説明され五七五七七と短歌の基本を教えられた。私が現在でも心持を歌に託して親しんでいるのは其の先生のお陰である。

学校も男の子に負けたくない気持ちと、出来る様に思われたい気持ちがあって、勉強も面白くなって来て、どんどん手が挙げられ成績も上がって来た。お習字の時間に隣の川村慶正という男の子に「おい北村、お前音楽学校へ行くのか？美術学校へ行くの？」と尋ねられ私は黙って首を振った。そんな事をあの子は思っていてくれたのかなと嬉しい気持ちになった事を思い出す。

卒業式には卒業生百五十人のうち男子一人、女子一人が、十勝教育委員会から表彰された。男の子は向かいに住む佐々木世一郎さん、女の子は私であった。母はお向かい同士が表彰して戴いたと佐々木の叔母さんと喜びあっていた。

十勝教育委員会より戴いた硯箱《すずりばこ》には其の年の勅題※と社頭※の暁が画かれていた。

※（歌会始のお題と神殿に朝日が描かれた絵）

大谷女学校時代　現帯広大谷高校

★　入学当時　★

中学へ進学するものは五人、女学校へ入学するものは四人で私は女学校へ遣って貰えたのを喜ばなければ成らない。　其の当時中学校が帯広に設立され男子は大抵帯広中学に入学したが女学校は姉妹校といってミッションスクールで主に裁縫技芸であった。

ところが私は其の学校に願書を出して置きながら、俄かに大谷本願寺設立の大谷女学校へ入学してしまった。ミッションスクールへの願書を見られた聖公会の臼田園長先生は、大変喜ばれ姉妹校の先生に此の子を宜しくと頼まれたとか、其の姉妹校出身の清水先生も喜ばれ、姉妹校の卒業式に連れて行って学校を見せて下さり、他の先生方に紹介して頂いたのに本当に申し訳ない事をしてしまった。後にお目に掛かった時に丁重にお詫びを申し上げた。

この様に多くの人に愛され親切を受け迷惑をお掛けしながら、私は幾らかでも誰かにお返したであろうか、考えてみると羞恥の極みである。

大正十二年四月十日　母に付き添われて入学式に臨んだ。帯広小学校の使用されてないバラック建ての仮校舎で大谷派宗務主張所長の安田力師によって入学式が行われた。

本科一年六十名、二年六十名　家政科十二名の三学級である。松山亮先生は校長代理で英語と修養、佐藤先生は国語と地理に特に多くの漢字の数や漢文に詳しいのには驚嘆《きょうたん》であった。上野音楽学校出身の久保田先生、お裁縫の二女性先生、あちらの校長、此方の教師みな嘱託のかり集めの状態であった。久保田先生の生理の授業では親にも聞けず姉もいないので、さっぱり解からず、ガタガタのご不浄が赤く汚れていたので此れかなあと気付いた程で私は無知な女の子であった。

　落ち着かないまま一学期が過ぎ北国に秋がやって来た。元刑務所用地を国より約九千坪買い上げ其の地に九百九十坪の新校舎が完成した。帯広市西四条南二拾丁目の草原の真ん中に堂々と建てられた。

　仮校舎から自分達の持ち物を担いだり下げたりして幾度も運んだ。大通りから西へ行く道は付いていたが遠回りと成るので野原を横切り踏み固めた跡が道となった。


　やがて冬到来、正規の道は遠い、着物に袴マントに長靴・襟巻《えりま》きをぐるぐる首から鼻に巻き一列になり先頭を交代しながら進んでいく。

雪は踏み固められ、道は両側の雪に囲われてしまう。

だが春になると周りの雪は解けていくが、踏み固められた道は中々融けずに高く突き上がって歩き難かった。又吹雪の日、前を行く人の足跡も消され固い道も見つからず何度か辛い思いをした事がある。

又白銀の道に誰かがクリームチョコレートを落としたらしく嬉々《きき》として拾い友と分けたことも有った。


　冬は雨天体操場で体操やダンス等をするだけで、晴れた日は二時間の体操時間にスケートを担いで帯広中学校の傍《そば》の亜麻《あま》工場（帯広製麻）の池へ出掛ける。※（亜麻の茎は繊維となり、種子からは油が採れた）　南から北へほぼ帯広を縦断する様なものなので大変である。　行き来に約一時間掛かるため練習の時間は一時間程、指導は中学校

雪の大谷女学校

の体操の教師であった。

下駄に滑りのあるゲロリ（下駄スケート）で普通のスケートは中々難しく二三回通って結構滑れるようになったが其れも一冬の間だけである、行き帰りに中学校の前を通ると、二階からハヤサレタのも嬉しいやら決まりが悪いやらであった。昔の女学生はいわゆる「おくて」というか他愛もないものであった。

春が巡ってくると汽車通学も楽しいものである。頂きに雪の残る山脈を望み、行く先々の山影には辛夷《こぶし》の花が咲き、岩山にはつつじが咲き、山桜もぼーっと親しい暖かさを見せてくれる。

さあ学校の農園に何を植えようかしら。初めて新入生を迎えてお姉さんらしくなる。夏はやはり暑い。袴の下でそっと裾をまくると野風が入って涼しく単衣に袴《はかま》をはき白足袋は欠かせない。女の先生が「あなた方成人されてもお襦袢《じゅばん》を脱ぐ事などなさらない様に」とのご注意が、あった時代なのである。日陰の草むらで小鳥の囀《さえず》りを聞きつつ詩集を開き四葉のクローバーを探していた。

一年生の一学期は仮校舎、二学期は新校舎へ引越しと、そわそわしていたが次第に学業も落ち着いてきて運動部、読書部、音楽部、弁論部等の選択も出来て活発になってきた。

大谷女学校　バレーの練習

級長の選挙では再選再選とずっと通して級長であった。責任を持つと友達にも親切になり、勉強に熱が入り、自ら進んで物事を進める。受け持ちの女教師よりクラス全体が叱られる事があった。何がご機嫌を損ねたのか「私は受け持ちを止めます」と仰って皆オイオイと泣き出して授業も進まず時が立つ。

そこで仕方がないので私が立上がり教壇の下に進み私の罪として謝り「今後注意します」と申し上げると「貴女が悪いのでは有りません皆で反省する様に」と仰ってその場は其れで収まった。その様な事が何度かあり職員室へ校長室へと勇気を持って出掛けていった。ただ謝る丈ではなくお願い事にも出掛けた。悪いと気付くと率直に謝る事の大切さを此の時代に覚えた。

★ 通学 ★

汽車通学をしていると小学校時代の同級生が五六人帯広中学校に通っていた。同級生としては私だけである。（他の三人は札幌や釧路の学校へ行っていた）池田発の列車に乗る時はあの人勉強しているかしら、目があったら逸《そ》らしてしまいお互いに知らん顔、そして違う車両に乗ってしまう、品行方正は又辛い物である。

活動写真は学校からほんの数回、教育映画を観に連れていって貰った事もあったが、何のロマンもない祭り上げられた品行方正の乙女時代であった。どの科目も良い成績で音楽良し体操良しである。お裁縫は少し苦手、理解出来て嬉しくて仕方ない時代があるもので、其の時代が何年か過ぎると、何となく頭の働きが鈍くなると感じたのも不思議である。最高潮の時にどんどんやる事である。

★ 松山先生・佐藤先生 ★

松山先生は大谷大学出で新潟県刈羽村のお寺の長男で住職を弟にゆずり、此の大谷高校で教育に専心しょうと渡道されたので何時も阿弥陀様のお話、釈尊や親鸞聖人の教え、聖人の比叡山ご修業・法然上人御流罪・御子善鸞《ぜんらん》との別れ等、四年間の学業の間に真宗の教えが自然と染み込んでいった。この様な法話は学生の人格構成や精神の育成に大きく働き真宗の流れを汲む学校で学べた事に感謝しなければならない。

また松山先生から受けた薫陶《くんとう》は私の生涯の宝であり、温かく柔かい心の珠であった。佐藤法順先生は国語、漢文、地理の受け持ちで漢字力は抜群で、御存じない字は無しで漢文も又大変なものであった。

中央に松山先生、左上が佐藤先生

此の先生の地理の時間に滋賀県を習った時、近江商人の事を「近江泥棒、伊勢乞食ってね・・・」と話され、私の家や親族は皆近江商人であるので私は恥ずかしさで真っ赤に成ったことがあったが、後に調べてみると商才に長けた近江商人や伊勢商人に対する宵越しの銭を持たないと言う江戸っ子のやっかみだそうで、現に近江商人は唯儲けるだけでなく、世間に対して多額の寄進をして社会に貢献してきたのは良く知られている事である。事実、身近な親族でも青山仙右衛門さん、末吉さん、與惣次郎さん、堤夫妻達は、いずれも社寺建立、造営したり、学校や日赤などに多額な寄進をして社会に還元しておられたのは聞いていた。

★　終列車乗り遅れ　★

学園祭の稽古の為終列車に乗り遅れ、帯広駅長室へ泣き込んだ。駅長さんの計らいで貨物列車に乗せて貰う事になり、焼き芋を十銭ずつで買い、懐にして止若《やむわっか》（今の幕別）三人と池田二人の計五人が無蓋車に乗り込んだ。頭を出してはいけないので五人寄り添い、お芋を齧《かじ》りつつ暖を取る。九月末の十勝の夜は深けると寒い、友と別れ十時過ぎの池田大通りを一人で小走りに帰った。後になるとあの思い出も懐かしい。

一度、一人の友達にあれが同性愛かなと思う事があった。その人は帯広の一流芸者の娘で私生児と私に明かしてくれた。美しく快活乍も愁《うれ》いを含んでいた。どうしたことかあの人の持っていたマリア様（博多人形）が私の元に残されたまま。山川美津枝といい忘れられぬ人、好きなと言うより恋しい人であった。

★　シンガーミシンと蓄音機　★　オペラ　藤原義江　★

母は一人っ子の私に当時としてはかなりの破格とも言えるシンガーミシンとポータブルの蓄音機を買ってくれた。

其のミシンは店の商品の改造（今で言うリフォーム）や私の好きな手芸の制作に、また終戦後の引揚げ時の衣服の改造などに大活躍と成る。

このミシンは今も尚、滋賀県の此の家の縁側にあって手芸や繕《つくろ》い等に現役として活躍している。

また蓄音機は座敷に置いてあった。当時日本のオペラ歌手の魁《さきがけ》と成ったテノール歌手の田谷力蔵の「海賊デイアポロの唄や恋はやさし野辺の花

マリア様の博多人形

シンガーミシン

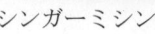

よ」のレコードを聞いたり、其の田谷に影響されオペラ歌手となった藤原義江※の「遥かなサンタルチア」などを聞いていた。　その当時から私は藤原義江のファンとなり、其の思い入れは現在の熱狂するファン気質と同じで、一時私も声楽家に成りたいと本気に思った事があった程である。いらい今日になっても懐メロで藤原義江の歌がたまに流れると其の当時が懐かしく思い出される。

※（父は英国人、日本人離れした舞台栄えする容姿と体躯を持ち当時の日本を代表する男性声楽家）

★　十勝清水　（ビート工場・ペケレベツ川・トネッコ）・　札幌旅行　★

　旅行は年一回　後一回は遠足程度で十勝清水のビート工場（現在は日本甜菜《てんさい》製糖）へ行った。　工場を見学して渓流（ペケレベツ川、アイヌ語で「綺麗な水の流れる川」）の清流の中で岩を食《は》む山女の美しさに暫し見入り、其の清流の吊り橋を怖々渡った時、少し離れた所にいたトネッコ（子馬）が突然私に向かってきた。さあ大変私は夢中で逃げ出した。走っても走っても追いかけてくる。　必死に子馬と駆け比べして、やっと子馬が止まった。其のとき体操の先生は私のランニングを褒め友達はヤンヤの大喝采であった。……いじわるトネッコ……

日本甜菜製糖（十勝清水）

　番頭の勝間が東京に行った時、土産に踵の高い革靴を買ってきて貰い、札幌旅行前に慣らす為初めて履いた。転びそうだが前へすっすっと気取って歩いた。おや、山田みっちゃん（現在花田）も一緒に履き出した。

　札幌では札幌別院、丸山公園、北海道大学、植物園、いずれも大きく広い、夜は大谷姉妹校の北海高等女学校の寄宿舎に泊めて頂く。翌日はその女学校の歓迎会に臨み音楽や劇のもてなしを受けた。

★　厚岸旅行　★

又秋には厚岸《あっけし》旅行である。　釧路の丘から見る釧路港は漁船がひしめき合い、霧が掛かってぼんやりとしている。霧笛が勇ましくも物悲しくも聞こえてくる。山を背に海を前にした眠っているような町であった。　厚岸はそこからポンポン蒸気で渡った。

波打ち際に昆布あり、アサリあり海を知らない平野の私たちには珍しい。厚岸の低い山には一面除虫菊の花が咲いていたが薬草の栽培であろうか。

夜は禅寺の感じのお寺の本堂に泊まらせて頂く。あんまり騒ぐ事も出来ず、一クラス、輪になり指名して歌いあう。私は中秋の名月のせいか、しんみりとなり「暮れ行く町」を歌った。　皆しんとする。

何時も旅行から帰ると、お世話に成ったお寺や学校等へお礼状を書くのは私に決まっていた。

楽しく旅行をしても後は辛い原稿を書かねば成らない。先生に御見せしてうんよしよしで、やっと肩の荷が下りる事になる。

厚岸港の捕鯨

★　卒業旅行（登別→室蘭→大沼→五稜郭→湯川→トラピスト修道院→函館大谷別院→洞爺湖→定山渓）　★

卒業旅行は秋の道内旅行である。松山先生、安部先生（女）らの引率で三十八人少ないものである。夜行で登別へ行き温泉で一泊、翌日は登別の地獄谷見物から室蘭へ、室蘭の夜十時に、月明かりの内浦湾を対岸の森町まで渡るのである。

危なそうな板の橋を恐る恐る渡って小船の船底に降りていくので、暗くゆらゆらと全く心細い物である。夜中に無事森町に着いた時はホットした。森町では夜明けには未だ早く汽車を待ち大沼で朝食にした。鮒の雀焼きこれは二度目だ。大沼公園の沼回りも今回で二度目と成る。

次いで函館では五稜郭、湯川、トラピスト修道院の見学、そして大谷別院と大谷高女があり別院では御法話を受けた。学校では小学校時代の友達が在校していて名乗り出、私と小学校で演じた時の、かちかち山後日物語を少し変えリーダー格になって劇を見せてくれた。元々狸役を演じた舘本清子さんであった。

五稜郭温泉に泊まり、翌日は連絡船の船室を見学して驚いた。豪華な事、この様な船室に誰が入るのかと思った程で、いつか自分もあのような船室で船旅がしたいと思ったものである。だが其の二十年後、敗戦によりぼろぼろの船底で泣いて泣いて北海道を引き上げていく私を想像する事は到底出来なかった。

虻田《あぶた》町の馬車乗り場の待合所で昼食を取る事になった。松山先生は「皆さん何にしようか？カツレツかオムレツかどっち？」と尋ねられるが返事するものがない。

其の時小林マサさんが「私オムレツ」と言った。「ふんーん」では私も「其れ」と言うと皆それでオムレツに決まる。温かいオムレツを食べた時、私はビックリした。実に美味しい。初めてなのである。甘く舌にとろけていく。小林さんてなんてハイカラなんだろうと思った。

揺れる馬車の中で御者《ぎょしゃ》は「あんたがた洞爺湖が気に入ったら新婚旅行に来て馬車に乗ってくれないかね」と言ったのを思い出す。向かいの洞爺の宿で泊まり、翌朝は小蒸気で湖上を廻る。湖は底まで青く透とおり魚も見える。北側には秀麗な蝦夷富士の羊蹄山《ようていざん》が見守り、有珠山が湖を見下ろし雄大に煙の立つのが望まれた。「此の湖は琵琶湖の様だね」と松山先生が話された。

札幌に行くと雨が降り出し定山渓《じょうざんけい》の旅館に着いた時はどしゃ降りとなった。其の夜は温泉に入ったり遊んだりしていたが、一晩たっても雨脚は依然として衰えず、遂に洪水になってしまった。交通機関も不通で旅館に足止めとなり、べそをかいたり、努めて明るく遊んだりと大変な思い出が出来てしまった。新聞紙上では大谷高女生が定山渓で缶詰になって泣いていると載っていたそうである。帰宅してやれやれであった。

一年に一度亡くなられた方の追悼会《ついとうえ》が勤まる。講堂の祭壇に仏様をまつり、遺影を掲げ松山先生も佐藤先生、佐々木先生も法衣《ほうえ》をつけて御袈裟《おけさ》をかけている。チンチンチンと讀経が始まると後ろでくすくすと笑うのは誰？肺結核で死ぬ人が多い、皆　友を偲んで神妙にお参りする。

大谷派の学校であるが故に月の二十八日は講演会が開かれ修養講座が始まった。ほうぼうから講師が来られ盛大に行われた。報恩講《ほうおんこう》が勤まると学校から列を作り帯広別院までお詣《まい》りに行ったり裏方様をお迎えに行ったこともあった。

結婚

★　新平さん・友との死別・S5年長男誕生・巳津雄あんちゃん・滋賀県での披露宴・★

四年生の十二月の末、いとこの青山新平さんが滋賀県からやって来た。母が乳母の様に乳を与え六年間育てた縁もあり、又修業のために勤めていた大阪の綿問屋が倒産し、池田の北村呉服店は暮れに向けて人手不足で困っているから当分母の所で手伝っては如何かと云う話になったのである。話は遡るが新平さんが東京中央商業在学中の大正十二年九月一日の正午に関東大震災が

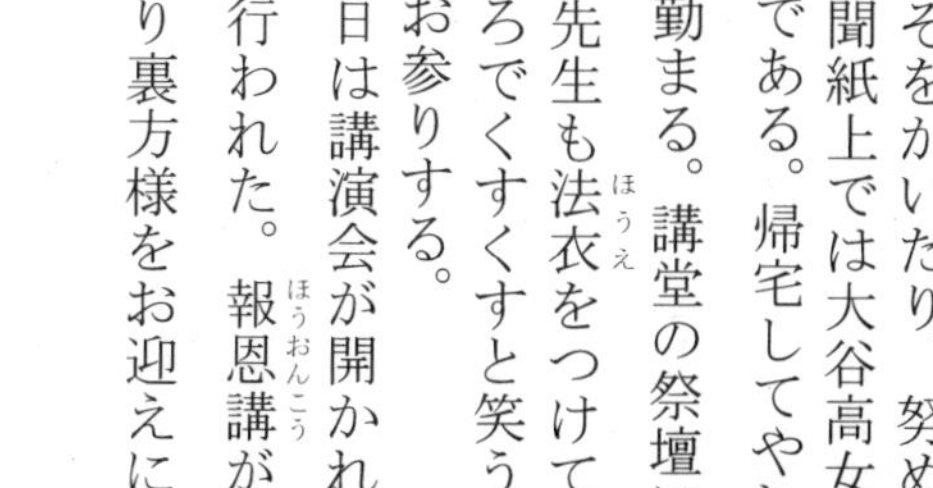

東京中央商業

発生し学校の方は運よく助かったが、同じ中央区に位置する日本橋、京橋一体は建物の倒壊や火災で壊滅状態となり、青山合名会社の東京店や取引先も甚大な損害を被った。

　此の為新平さんの父上に当たる社長の青山仙右衛門さんと東京店を任されていた弟の末吉さんとの間で、再建と経営権を巡ってかなり激しい争いが兄弟で繰り広げられ、結局兄の仙右衛門さんが引退される事で決着した。新平さんが渡道され此の店に来られたのは、この様な背景もあったようだ。


　之により私の生活に波紋が広がっていくのである。　数え十六歳の暮れであった。

原田先生が遺伝の法則につき話されたとき従兄妹同士の結婚はなるべく避けるべきだと教えられた時、私は未だ決まってない事なのに何故か赤くなって頭があがらなかった。

もしやそうなるのではの予感が初めて頭をよぎったのかもしれない。その後何か生活環境が代えられていった。楽しかった学校生活は瞬く間に過ぎていった。

　いよいよ卒業となり上級学校へ進む人、補修科に入る人、小学校教員となる人、家事手伝いの人、お稽古事をする人、直ぐ結婚する人皆それぞれに別れ別れの人生へと旅立った。私はやっと母に行かせて貰った女学校であるから店や家事の手伝いに従う事になる。
　ここで左隣の上野薬局の文子さんの事を書かねばならない。この方は高等二年から大谷の二年生に入学された為私より一年上の上級生である。
　成績はよく美しく優しい模範生なのである。学校では上野さんはお母さんがおられない、北村さんはお父さんが居《お》られない、両親で育った皆さんはどうして出来ないのか‥と文子さんとの引き合いに出されて恐縮したものだった。文子さんは三年生頃より肺結核らしく休み休みで、どうやら休んだままの卒業であった。

「あの音は江美ちゃんが、お婿さんを貰う為のお部屋が出来るのかしら」と、家の人に言っていたそうで、大工の音が体に響いた事であろう。

二三人でお見舞いに行くと此の前はストーブを焚きつけてくれた人が、もう起き上がれず花のかんばせも無く痩せ細り口ばかり大きかった。

文ちゃんさようなら、先日お見舞いに持っていった白鼠がカタコト虚しく廻り車を回していた。もうお別れの時である。文ちゃんが息を引き取ろうとしたとき大工さんは臨終を察知し仕事を止めていたと言っていた。

学校からの連絡で弔辞を読むように言われ、私も卒業したばかりでもあり親しくしていた上級生なのでお引き受けした。

「櫻咲く春を待たず清い乙女が幽明境を異になれ、誠に誠に悲しい迦陵頻迦《※かりょうびんが》、飛ぶ極楽の蓮華《れんげ》の座に御佛《みほとけ》となって座しておられる事と信じます……」と肉親も先生も学友、近所の人々の悲しい送り、すすり泣きの声がいつまでも続いた。※（極楽浄土にいるという鳥。聞いて飽きることない美声によって法を説くとされ、人頭・鳥身の姿で表わされる）

勝間冶吉が既に本別に店を持ち　続いて米光捨次も独立したいと云う。帯広店の山田久弥が以前、婿候補に上っていたが新平さんの出現で何か周りも調子が崩れてきた。

そして初夏の頃滋賀県から新平さんの父上青山仙右衛門さんが渡道され、「新平は叔母さん（母）に育てられ世話に成った恩がある。此のまま江美と結婚して一緒に暮らして欲しい資本も出そう帯広店も援助しょう。だが新平は叔母さんにやるが養子とはしない江美を嫁に貰い青山の姓にして欲しい」。
　現在の世相と違い当時の状況としては何の言い分もない、其のままに従ったまでの事である。母一人娘一人、自他共に養子娘であった私が自分の家に居たままのお膳立て通りの結婚となった。

　結婚式は昭和三年十二月十八日　山内叔父が北海道へ出張の折に仲人を頼んで式を挙げる事となった。祝い金は青山家より戴いたかどうかは知らないが結納金は無かったと思う。打ち掛け等の式服も母が京都で注文した筈だし、何か店か家に援助されたので其れでイコールになったのかもしれない。

　其の結婚式と前後するが帯広の捨次郎叔父は体を壊して滋賀県の病院で入院していたが、少し回復したので平流の実家で自由に暮らしていたが九月九日荒神山で松茸の番をしていて倒れ帰らぬ人となった。糸枝叔母は三女の乳飲み子静子さんを抱き秀子さん、八重子さんを連れ急ぎ平流に帰国され、私は女中さん一人と若い者ばかりの帯広店にお留守番に行っていた。

結婚式　　原田写真館撮影

　松茸と言えば其の当時、主人の国許より時期になると毎年の様に松茸が十キロ程送られて来たが、其の荒神山※で採れたものであった。今ならとても想像出来ない事であろうが其の頃はふんだんに採れたのである。

其の叔父の死去から暫く過ぎた時に、私達の結婚式であったが、その糸枝叔母や唐沢さんや山内さん達もお祝いやお悔やみやらの挨拶で、ごちゃごちゃとなる始末であった。

数え年二十四歳と十八歳の若い二人が、呉服小売商店主として不況で有名な昭和三年の門出となったが、其の当時の大不況も私はさして知らなかった。翌年母の念願の家風呂も出来たが其の最中に唐沢さんのおばさんが鮭ずしの中毒で、苦しみ悶えて亡くなったが母は弟の捨次郎と一番の仲良しの唐沢さんを失って落胆していた。

糸枝叔母と秀子さん

しかし昭和五年の一月長男博道の誕生で賑やかに忙しくなってくる。孫を育てるために飼っていた山雀、鶯、セキセイインコ、うそ、まひこ、十姉妹ともぜんぶ離して世話に専念してくれた。博道の産声を聞いたお客の平山さんは自分が子供を生まないので「キャー」と言って買い物もそのまま逃げ帰ってしまったとかで、のちの笑い話である。
春を待って母と共に池田神社へ宮参りをし原田写真館で記念写真を撮った。
※（池田神社では四人の子供が宮参りをしている）

家の裏の借家へ昭和の金融恐慌の為に工場閉鎖となった富士製紙会社（パルプ工場）より真木兄弟が引っ越してきた。真木の家は一年間にまず母、姉、そして父と皆結核で死んでいった。二人残された兄弟が来たのである。何とか家財道具を運んで来たが親類もあまり寄り付かない様だ。

兄は鉄道保線区に勤め弟の巳津雄は五年生で家事をしながら小学校へ通

富士製紙会社（写真は郷土出版社）

っている。　その弟を家に置いて学校に通わせ、あんちゃん役に仕込もうかと云う話が出来、巳津雄はそれから住込みながら兄のめんどうも見ていた。巳津雄は母をおばさん、主人を大将、私を姉さんと呼び、お客さんにも愛想がよく算盤《そろばん》も上達し自分の家として馴染んでくれた。

母はまだまだ元気で商売も上手でシッカリしていたので昭和六年三月に二十日間の予定で、満一歳過ぎの博道を連れ新婚旅行を兼ねて主人の実家へ帰った。未だおしめを持っての長道中は若い私には大変であった。滋賀県の八町に着くと翌日には両親の剃髪《ていはつ》式が行われた。子供の好きな元次郎兄が博道をとても可愛がってくれたのを思い出す。農繁期には隣の寺の瑞祥寺で保育所が開設されるので其の援助をしたり、一時夫妻で其の手伝いに行っておられたそうだ。

翌々日は元次郎夫妻と私共夫婦の合同の披露宴である。旭川店、東京店、八王子店、大阪店遠い親類の夫妻に、近くの親戚に、在所中ほどの年寄り、主人の連れと毎日、毎日の祝宴に初めて田舎を見る私はふらふらになってしまった。何しろ母親に頼って世間知らずで、家付き娘の私が乳飲み子連れで無理からぬ事であった。

八町から平流に行き来するにも子供を背負って歩くのである。京都、大阪、宝塚歌劇、奈良、伊勢と周り八町に帰ってきた夜は電燈の光がぼんやり霞んでいた。背中の博道は知らぬ間に「アンアンアン・・」を覚え背中を頭で打っていた。やっと北海道へ帰り

瑞祥寺　八町保育園

背から下ろすと一ヶ月にならぬのにヨチヨチ歩き、待ちかねていた母は随分と喜んだものである。

火災

次男實は八年二月生まれ。翌九年四月八日に一軒おいた南隣から出火した。以前にも女学校一年の十二月二十七日にも一軒おいて北隣の呉服屋から出火した。我が家も商品、家財道具を残らず雪の大通りに運び出したが幸いにも軒を焦しただけで類焼を免れたことあったが、今度は南からである。

實を抱かえて窓から火を見ると「ブ、ブ」と言っていた。懇意にしていた八木さんが直ぐ、博道と實を引き取って預かってくれた。お陰で手間どいもいなくなり必死で向かい側にある以前に住んでいた家（佐々木さんの隣）へ商品や重要品を運び込んだ。

私は一大事の時は却って頭がスカッとする方で、うろたえず万事指図役になりまごまごする人が可笑しい程になる。意外と早く鎮火し隣の屋根を焼いただけであった。お陰で二度両側から挟まれた火災を二度とも免れたのだ。四斗樽を抜いて消防や手伝ってくれた人達にお礼と寄付をした。　見舞いの握り飯にしじゃもをストーブで焼いて、食べた時の美味しかった事はとても忘れられない。また誰かが大きな樽柿（さわし柿）を持って来てくれた。

火災を見つけた鋸屋《のこや》のおばさんは嫁さんの赤い腰巻を外して「火よ来るな、火よ来るな」と振っていたそうだ。店の裏の太って、よてよてのおばあさんはおまるを持って「これどうしょう、これどうしょう」と大声で歩いていたと云う話、　裏道を一貫の綿一つ包みを持って逃げていった人を見たとか、発見者が警察に呼ばれて行って見ると㊆さんの品らしい新しいセーターが沢山積まれていたのを見たと言う話、でも後になっても何も戻ってこなかったが、火事で焼けぼこりとか言うが不思議と繁昌していった。

實は風邪を引くと三十八度の熱が出てしかも寒い冬の事で蒔ストーブを焚き鉄瓶の湯気をたて、氷や雪で冷やしたものである。心臓が弱いと言われていたのが成人してから悪いと聞いた事がないので幸いである。あんちゃんの巳津雄は青年となり二人を良く可愛がってくれた。あんちゃん、あんちゃんである。

其処へ東京の山内様から長男の健一さんが出張で来られた。風呂敷、帯、洋物類の商いである。健一さんは除隊して父のお店の手伝いの為北海道のお得意さん廻りをしておられた。實をとても可愛がり戦車が好きなのでゼンマイ仕掛けで走る小型玩具や木で組立てる玩具を貰ったり、また上手に戦車の絵を書いて喜ばせてくれた。

又交代で主人の弟の正雄さんも山内商店の社員として出張して来られた。主人の兄弟のうちで姉さんと初めから呼んでくれたのは正雄さんだけであった。初めて憧れの北海道へ来て北海道の自然を見、私共の平穏に暮す様を見て「北海道はいいなあ温かいなあ」(気温ではない）と国で語っておられたそうである。

★　ソプラノ歌手　関屋敏子　★

昭和十年の秋にソプラノ歌手の関屋敏子の独唱公演が大谷女学校の主催により帯広のキネマ館

実と巳津雄あんちゃん

真木巳津雄氏

山内健一氏

で開催された。当時、関屋敏子はイタリアで主演歌手として活躍し世界的にも名が知られていた。この時は大谷高女の生徒や同窓生が前売りのチケットを売りに来たが、どうにも都合が付かず行けなかったのが残念で成らない。後に話を聞いたり新聞を読んだが、大盛況で観衆は其の美声に、うっとり酔いしれたそうだ。

★ 伝説の舞姫　崔承喜《さいしょうき》 ★

此れに引き続き大谷高女主催により翌年昭和十一年の十一月に「世界のプリマドンナ、半島の舞姫」等と形容される韓国生まれの美人舞踏家の公演が帯広の栄楽座で行われた。今度ばかりは準備万端整えて友達と出かけた。幸いにもやや後ろの席が取れたが、ぎっしりの超満員で始まる前から熱気で溢れかえっていた。

崔承喜

最初の開幕から鮮烈であった。突然、空中を飛び出す様に現れ、手足を大きく広げて宙を舞い舞台狭しと舞う。どよめきが湧き起こり大きな拍手に変わる。躍動感に溢れつつ優雅に、まるで天女の様に、軽やかに舞った。歌も上手で綺麗な容姿と大柄なスタイルとが相まって全てに於いて観衆を魅了した。

こんな体験は全く初めてであった。なんと表現したら良いのか、息苦しく鳥肌立ちがした。二時間あまりの舞台であったが、夢心地の内に終わった。「田舎娘、オリエンタル、楽浪の壁画より、アリラン、」等が演じられた。　舞台が終わりぞろぞろと観客が帯広駅へ向かう。皆、顔を上気させて興奮冷めやらずだ。口々に先程の舞台を語り合うざわめきが続いていた。

※　崔承喜（一九一一年日本の植民地化に有った韓国に生まれ一五才で日本の前衛舞踏家石井獏の門下生となる。そして1934年始めての新作舞踏発表会を催し天性の美懇と恵まれた体躯、斬新な舞踏で観客を魅了。当時の蒼々たる文化人や知識人から絶賛された。1937年には欧米にも活動を広げ、ピカソやジャン、コクトーなどの芸術家に支持されたが、戦後は北朝鮮に渡り当初は優遇され舞踏研究所を設立するが、その後1960年代半ば以降消息不明。1994年に「世紀の美人舞踏家崔承喜」のタイトルで映画化された。）エスティ出版より引用

★　チンドンヤ　★

店と暖簾《のれん》で隔てた内側に十畳の茶の間があった。店を閉めた後に丸い卓袱台《ちゃぶだい》で夕餉《ゆうげ》を済ませ、普段は堅物の主人が口三味線でチンドンヤの真似をしながら、よろよろ部屋を廻り其のあとを子供達が笛、太鼓をもって囃しながら付いて歩くと言う、たわいない遊びをやっていた。ある日、子供達は本物のチンドンヤの後について駅の方向に行ってしまい、あんちゃんに探しに行って貰った事が有った。事変が本格化する前の小さな平和であった。

日支事変　★　南京陥落と提灯行列・S12年8月仙右衛門死去・出征・戦死　★

昭和十二年七月七日　盧溝橋《ろこうきょう》で日支事変の発端が始まった。ベルリンオリンピックも開催され「前畑がんばれ前畑がんばれ」の声と共に事変も進んでいった。　丁度七月十九日に三男の秀雄が誕生したのである。ラジオもあり産褥中《さんじょくちゅう》にオリンピックと事変を聞いていた。

国元のお父さん（仙右衛門）はここ数年弱られ、主人は毎月のように見舞いに帰国していたが

遂に八月七日永眠された。兄元次郎夫妻は、なにもかも盛大に葬儀を執り仕切り、七人の兄弟姉妹が全員列席しての送りであった。

昭和十二年十二月　南京が陥落した時は日本中が大騒ぎをした。各地で提灯行列が行われ万歳三唱や軍歌を歌い祝った。池田においても池田神社を中心に盛大に行われ、行列は町中を練り歩き祝賀した。

その後も何処かを占領すると提灯行列が行われた。しかし一年後の事は解らない。日中戦争は次第に深みへと展開し、店のあんちゃん巳津雄も入隊して行って代わりに愛ちゃんという子を頼んでいた。

国元では大阪で乾物商を営み繁栄の道をたどる兄の店北海屋から兄元次郎さんが応召していった。さらにその内妻の子、春雄さんも応召、山内商店の健一さんは再度の応召となり入隊して行った。

いっぽう弟の正雄さんは兄の他に主力の店員も応召され、北海屋を守るべく懸命に働いたが、心身の疲労が重なり父の一周忌を待たず六月六日すい臓破裂肺炎の為、若い命を絶たれた。

正夫さんは、北海屋を任されるまでは、大阪から八町まで自動車でこられたり、バイオリンを弾いたりカメラをいじったりされて、仕事の中にも趣味を楽しんで居られたが、他の方達とおなじで戦争の犠牲者ともいえる。子供好きの優しい人であった。

青山仙右衛門

義兄青山元次郎

義弟　青山正夫

正雄さん死亡の知らせを受けた主人は、生前鈴蘭を愛していた弟の仏前にと鈴蘭を持ち帰られた。昨年のお父様の葬儀には七人兄弟姉妹が列席出来たのに兄は応召であり、昨年に比べ力を落とした悲しい葬儀となった。姉婿の中村久五郎さん、妹婿の山本太郎衛門さんも北支へ出征して行かれた。再度の応召の山内健一さんは不運にも南方へ派兵される途上に輸送船を撃沈され戦死、大本営の華々しい戦果とは裏腹に戦いは深み深みへと入っていった。

経済統制

★ 贅沢は敵・経済警察 ★

此の年昭和十三年十二月秀雄に続き年児で長女洋子が生まれた。
この当時に贅沢全廃運動が始まり、「贅沢は敵だ、欲しがりません勝つまでは」等と耐乏生活を強いられる様になって来た。

未だ商品も豊富であったが買い急ぎが見られ綿布も上ってきた。売り惜しみ買占めの暴利取り締まりも厳しく成つてくる。主人は小樽の塚本、小杉広川の寺田へと仕入れに忙しい。其のころ裏の借家を取り壊し一部屋座敷と倉庫が建っていて、其の倉庫にギッシリ積み込まれていた綿布を夜出しては正札を付け替えたりしたが、まあ商人であったから利益の上がるのは本当に嬉しいものであった。

売れる物は良く売れる、十勝平野で農作業するには丈夫な木綿が必要な為いくらでも売れた。
逆に絹物は贅沢品とされ電燈を手元まで降ろし針先で金糸銀糸まで抜くのだが、目が霞んでくるやら頭が痛くなるやらで、とても抜けず奥に日の目を見ず積まれていた。

提灯行列　イメージ

S13 年当時か　㋱北村呉服店

S14 年の家族写真(佐藤写真館)

S15 年池田大通り 5 丁目　ラジオ体操

子供達の落ちた下水

S15年石炭？　何をやっているのかな？

博道

S16年6月1日清見が丘　運動会

洋子、秀雄、江美

S16年6月1日町内運動会　綱引き

s 16年6月1日運動会(清見ヶ丘)

s 16年5月　町内花見会(清見ヶ丘)

後列左より鈴木氏・佐々木氏・林薫氏・才野春雄氏・松野氏・木村氏・渡氏・川東氏
前列左より青山・中嶋床屋さん・才野氏・野村氏・新津雅由氏・佐藤氏・佐藤写真館

昭和十五年になると益々統制経済となって経済警察が時々廻ってくる。値違いの正札がみつかり仕入帳まで調べられる。世を挙げて国家総動員法で暴利売り惜しみは御法度である。

此の時、店はその法に触れ主人は警察へ取り調べに引っ張られていった。余程厳しい取調べであったのか、翌日もしおしおと裏口から出て行く後ろ姿は耐え難いものであった。何処の店でも同じなのに、弱身の主人をどうしても経済警察の面子に掛けても挙げなければならないのだ。

　噂では裏取引であっさり済むものを此方は正直すぎて其れが出来ない。でも遂に決心して手土産持参で夜間警官宅を訪問したら、たちまちの内に其の効果もあったのだが、現下の状況と今後の事もあり純益は一割として、薄利多売の現金商いを宣言することになった。

其の新しい薄利多売の商いも軌道に乗せるのは苦難の道であったが、法規に触れては戦時下を過ごす事は出来ない。物資の不足で食料、衣料その他、切符制、配給制となり応召、出征、また店のお客さんの馬や牛等の家畜も応召、徴用と成りこうなると国を思う心は一つになってくる。

　隣の上野薬局の御主人は出征の挨拶の席で脳内出血で死亡され、その奥さんも主人亡き後女学校二年の長女を頭に二歳の子を含め六人の子供を残して亡くなり、向かいの鋸屋の主婦は一人の子を残して結核で亡くなった。

数軒隣の菓子屋の娘さん、其の隣の瀬戸物屋の主婦、店の筋向いの洋品店の娘さんと、その母もみな結核で亡くなられた。戦地で戦死する軍人は多数あっても戦時下銃後を守る国民も、無理と栄養不足による結核で死んで逝き、此の病には全く無力で施す統《す》べも無く、死病と云われた。

日米開戦　★　配給　★

昭和十六年十二月八日　日米開戦に突入の臨時ニュースがラジオより告げられた。遂に開戦となり、頭の隅に重苦しい不安がよぎる。だが此の臨時ニュースで日本中が熱狂し、以後北海道でも戦意高揚の為、各地の神社で必勝祈願祭や時局講演会が頻繁《ひんぱん》に開催されるに至っては私も一国民である。皇国の勝利を疑わ無くなり必勝を祈願する。

子供達は戦争ごっこで清見が丘を駆け巡り冬はスキー、スケートで遊んでいた。少し前に實が向かい側の下水に落ちて流されているのを、金物屋の渡吉治さんが息せきって知らせてくれた。覗くと踏み板の奥で浮いていて危ない所であった。

博道は同じ五丁目の新津正夫君や佐藤写真館の佐藤君達と遊んでいて、佐藤君の右目際にゴムチュー（パチンコ）の石を誤まって当ててしまい、随分と心配し謝罪したものである。

秀雄は菅田さん前の下水一杯の雪水の中に首まで、落ち込んでいるのを菅田助次郎さんに助け揚げられ連れて来て頂いた事が有った。着替えさせるやら、ストーブで体を温めるやら大変であった。　洋子はいつも一つ違いの兄　秀雄と遊んで離れる事は先ず無かった。

◎　氷柱《ひょうちゅう》を剣鉄砲とかつぎいし　北国の子いかに大きく　清見が丘

物資が不足する中で子供達や愛子ちゃんは配給の食パンやたん切り飴より、以前に蓄えておいた材料で私が手作りしたイーストのパンや飴の方がずっと美味しいと喜んでいた。

清見ヶ丘スケート場

また国許江州の老母より、ニッキと五色の縞の大きな丸い飴や干し柿が送ってきて親子とも本当に嬉しかった。其の飴を子供達に小出しにして与えようと、缶に入れて倉庫に隠しておいたのに博道が見つけ、兄弟四人で食べてごっそり減っていたのに、ビックリした思い出がある。

「欲しがりません勝つまでは」物資の不足は全てに及び、以前来た御用聞きも来ず、魚屋へ行っても中々買えず、何かと交換でないと手に入らないと言う状況となってきた。又各地の米屋も統廃合となり配給所で供給となった。

母は味の素を帯広の叔母や㊤様のおばさんに頼んだりして、現在の様な赤い味の素の缶を大切に使用していた。店の商品にはロープの様な紐や、ズックの様な布や蚊帳の様ないたどり繊維、服、ズボン、ズック靴、ゲートルまで殆ど配給キップ制と成った。

でも北海道は主食米は不足でも芋や南瓜、とうきび等の代用食が多いので未だ幸いであった。商品はもう問屋から仕入れることは出来ず、商工会を通してなので何が配給されるのか、どれ程掛かるのか全く解らない状況となり、だんだんと悪化の一途をたどる。

配給の風景

★　我が家の戦時中のお正月　★

今の時代と違って国の記念日には何処の家も当然乍ら必ず日の丸が掲げられる。大通りの両側にずらりと掲げられた国旗は実に壮観で美しい、其れが元旦だと一層美しく感じるのである。

朝一番に下着等を新しい物に着替えて、それぞれ水で禊《みそぎ》を済ます。そして家族中が神棚の前に整列して、先ず国家皇室の安寧《あんねい》を祈願し家族の健康を祈るのである。

その後主人の毎年お決まりの一言「みんな今年も元気でがんばろう」と挨拶をして、お雑煮と御節《おせち》料理を戴き子供達は学校の新年式に出かける。

又、母は家族全員を七福神に見立ててお祝いをした。主人を恵比寿天、私を大黒天、博道は寿老人、實は毘沙門天、秀雄は布袋《ほてい》様、洋子は弁天様、母は福禄寿と七人全員が並び、母の合図で「目出度い目出度い」と新年を祝った。苦労続きの母にとって人生で一番幸せな時だったかも知れない。

毎年の正月には新調した下駄を下ろす、下駄の鼻緒は私が冬の夜なべで作ったものだ。もっとも外は雪だから履くのは春まで待たねば成らない。当時の小学生の夏は、ほぼ全員下駄での通学であった。

★　結核・帯広病院・志田医院　★

昭和十七年四月二十日　私は三十八度の発熱と咳が一週間続き寝込んでしまった。その後微熱が続き帯広病院で肺浸潤と診断される。身近の人で多くの人が結核で死んでいる。

栄養を取って体力を付けねばと思うが中々手に入らない。病気に御利益が有ると言う信仰へ尋ねて行ったり、生姜の全身摩擦を日に三度、日光浴を何度も続けているうち秋には少し回復して来た。

すると今度は實に熱や咳が出て帯広の志田医院小児科（現在帯広第一病院）へ連れて行くと肺浸潤といわれる。之は私の責任である。早速志田病院へ入院して注射を打ち静養に努めさせた。未だ元気な方だったので世話はあまり掛からなかった。

個室なので夕方になると、知っているだけの童謡唱歌を歌って聞かせると實は喜んで聞いていた。当時私の声も綺麗に部屋に流れていたが、あの子は今でも覚えているだろうか。一ケ月後に退院出来た。家に帰るや否や今晩、利別の方に戦車が来ると聞き、静止するのにオーバーを着て出て行ってしまった。はらはらしたが回復に向かった子供が元気を取り戻したのであろう。入院中、玄関に来たお獅子に頭を噛んで貰ったのが良かったのかもしれないね。私が一生懸命、實だけの看護に掛かった一ヶ月であったので、家の方は年の瀬で主人も母も忙しかった事であろう。

★　白糠　山羊　★

日米が開戦してまだ一年足らずの為か、太平洋の波は未だ穏やかで、秋の陽光が暖かい頃であった。お灸がよく効いた私は實と秀雄と洋子を連れて、その出張する先生の後を追って白糠《しらぬか》（釧路の手前の町）の禅寺（瑞英寺　曹洞宗）迄訪ねて行った事がある。瑞英寺は眼前に海が見える眺望の良い丘の上に建っていた。

初めて見せる太平洋の海岸で子供達は喜んではしゃいでいたが、幼かった秀雄と洋子は覚えているだろうか。中々入手し難いわかさぎの佃煮を一箱やっと持ち帰り皆に喜ばれた。

その後、私は又発熱したので今度は高山先生に、ドイツ製のTBと言う注射をして頂き効き目があったのか、次第に回復してきたのだが、先生はうちの息子も妹娘にも打っていると仰っていたが、息子さんは亡くなり後

白糠　瑞英寺

白糠　ししゃも・ワカサギ

日に娘さんも亡くなられたと聞いた。

魚の豊富な北海道ですら入手困難な時、向かいの佐々木さんのおばさん（大月経子さんのお母さん）が広尾からの頂きものだと目抜鯛を戴いた。母は喜んでお刺身やあら汁を作ってくれ久々の御馳走となり皆大喜びであった。


其の頃になると薪ストーブから石炭に変わり、円筒型のストーブを一台使用しては代わりの一台に石炭をいれておく、だからルンペンストーブと言った。

母は大工仕事が好きで鶏小屋、山羊小屋や石炭小屋まで作った。石炭の入れ替え等はかなりな寒さの中で行うので冬中大変であっただろう。丁度其の頃は私や実が微熱が出たり洋子が百日咳に罹《かか》ったりで、極力栄養を採る努力をしていて母は鶏や山羊を飼ってくれた。


子供達は朝に山羊を池田神社近くの畑に連れて行き、杭に繋いでおいて夕方に連れて帰る世話をしてくれた。卵と山羊の乳が搾れる事でバターやチーズを作る事が出来、この時代にしては恵まれた事であった。

皆既日食

昭和十八年二月五日　私の誕生日にあたる日に世紀の皆既日食が観測された。

その四、五年前にも八、九分迄の日食が見られたが、皆既日食は先ず日本では中々見る事は出来なかった。其れが遂に此の目で見られたのである。本当に雪で屋根も道も白一色の二月にである。

日食は朝の七時から始まり丘の上の太陽は次第に欠け始めた。六分、七分欠けると、高台から西の方へ飛んでいた鳥が、あわてて山のほうへ帰ってくる。

八分になると、ざわざわっと風が噴出し、雪の上にゆらゆらと黒い筋が一面に動きだす。シャドゥーとか記憶している。

星が…星が…あちらこちらで星が輝きだした。今、皆既だ、皆既の瞬間である。墨絵の黒さか、いやとても言い表す事は出来ない、其の大きく丸い墨絵に周囲に輝くコロナを見た。周りを囲む真珠色のコロナは左右に長く、際に明るく、先はぼかして…ああ…息をのむ。一切が空《くう》か無《む》か又は満か…云い得ず、書きえず。私の脳裏に今だけ残る感激のみ其の時間は三十秒いや一分か…と左上部がピカッと激しい煌《きら》めきが来た。ダイヤモンドリングだ、地上の如何なるダイヤも其の前には光はないピカッ、ピカッ、ピカッと…周囲にいわゆる後光がさして次第に明るさを増し、太陽は復円し雪の町に燦燦《さんさん》と輝き出した。

其の直後主人は「コロナの光でお前を見た時実に美しかったぞ」と、

此の時一回のみ褒《ほ》めて頂けた。此の皆既日食こそ私の北海道に在住した三十五年間子供を得た事と共に貴重な誇りの一つである。

◎　わか駒の競り市にぎわう丘の上　今も伝うか春を呼ぶ声

s54年　北海道清見ヶ丘を詠む　（丘）

清見ヶ丘　馬市場

第二部　戦時中～昭和五十八年

戦時下の銃後

国内は文字通り「戦時下の銃後」一色となる。国内は敵の空襲に備え防空訓練が行われ隣組から必ず参加する。もう長着は許されない。筒袖の上着にモンペ姿である。

★　防空訓練　★

訓練の警報が鳴ると防空頭巾を被り、軍手長靴にバケツを持って集まる。焼夷弾が落ちた事を想定して一列横隊に並び、バケツの水をリレー式に次々に渡す必死である。夜は燈火管制で電燈を覆い、窓も全て黒く厚い紙や黒布のカーテンで覆う。

警防団も強化され主人は開戦前の昭和十六年五月に池田警防団長に任命されていた。

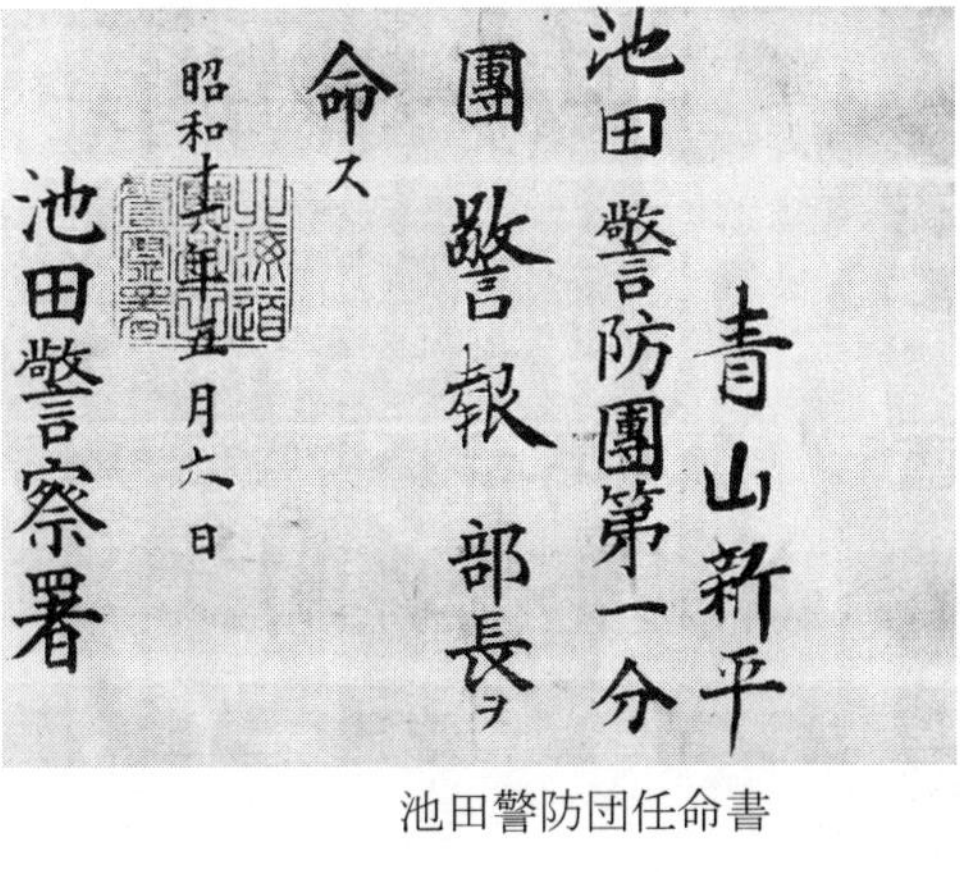
青山新平
池田警防團第一分
團警報部長ヲ
命ス
昭和十六年五月六日
池田警察署

池田警防団任命書

責任を持たされると家庭の都合は許されない。十八年になると毎日の様に警防本部に出勤し、幹部の会合は家の倉庫の座敷で行われ、寄り合いは月に一度が週に一度となり夜遅くなりがちであった。賄《まかな》いも物資不足の中、母が一生懸命努めてカレー、うどん、等夜食を用意してくれた。じつに其の事のみでも忙しい日々であった。

又主人の職務の関係もあり、我が家の裏に敵機見張りの為に、二階建ての監視所が設けられた。実際には見張り員が常駐していないので、子供達の遊び場に成っていたものだ。

P57 池田警防団会

P57 防空訓練町内の寄り合い　カズ、新平　店の前にて（佐藤写真館）

池田神社

旭川第七師団（熊部隊）市街戦の演習　★

初冬の頃だったか、旭川第七師団（別称熊部隊と呼ばれた）の歩兵部隊が演習の為に池田に来た時、町を挙げて協力した事があった。将兵を各家庭に数人ずつ分宿させるのであるが我が家は三人泊まられる事になった。各家庭は、数日前より掃除や布団、食料の準備をしなければ成らない。（経費は軍から出た様である）当日、母は飼っていた鶏を潰し「かしわ」の鍋でおもて成しをしたところ、兵隊さんから大いに喜ばれた。

翌日の演習は市街戦の訓練であった。外出は出来ないが其の様子は家から解かる。機関銃を発射しての訓練をやっていた。（勿論空砲）。訓練が済んだ後は子供達も外に出て落ちている空薬莢を拾い兵隊さんに渡していた。兵隊さんも子供には優しいから子供達も喜ぶし憧れるようになる。

★　徴用朝鮮人　★

栄養失調で痩せこけた二十人程の朝鮮人が毎日同じ時間に二列に並び、棒を持った棒頭につつかれ乍ら大通りをふらふらと、よろめきよろめき高山医院へ診察を受けに行った。千代田の軍の徴用で弱ったり病気になり、働けなくなった者ばかりなのであろう。可愛そうに支配される国の人民は憐れなもので、中から次々と死んで行ったそうだ。

思い上がっていた私も日本人の一人で朝鮮人を蔑《さげす》んでいたのである。

旭川第７師団　熊部隊　　写真集帯広より

★　幕別引越しと新田《にった》工場　★

戦局は益々深みに入り込み企業整備が行われた。帯広では食料、雑貨店などは売る商品も無く、約百件の業者が廃業し後は十数か所の配給所のみ残された。主人も未だ若いほうなので残留の対象には無理もあり、店舗を閉じて銃後の御奉公を軍需工場で尽す決心をされたのである。

浦幌の山田久弥も新得の高松も星野も呉服店を整備され、止若(幕別)の「新田ベニヤ工場」へ勤務する事になった。

新田ベニヤは元々は渋工場であったが需要も減り、合板の工場に転向しベニヤの他に飛行機の部品を作っていた。軍需工場だったので詳しくは解らないが、戦時中700人を越える従業員を擁《よう》す大きな工場であった。

幕別町の由来はアイヌ語で「マクンベツ、山ぎわを流れる川」といい、十勝川を挟んで幕別と池田の町が出来ていた。

工場敷地内には四軒長屋等の社宅が60棟程有り病院、銭湯、床屋、クラブなどの施設があった。　社宅には元々は様々な職業の人達が入っていてブリキ屋・大工・下駄屋・呉服屋・菓子屋・新聞記者・理髪屋・銀行員と、あらゆる職業者が職を失ったのである。

整備に当たり政府が商品を全部買い上げてくれる機会があったが、母としては二十五年前に自分が興した丸〆の暖簾を下ろす事になり、やり切れない思いがあったであろう。

昭和十八年十一月三日の明治節であった。二十五年間過ごした池田と今日別れるのである。さようなら、幼く育ち且つ成長し子供を得た思い出の地を今日去ることになった。

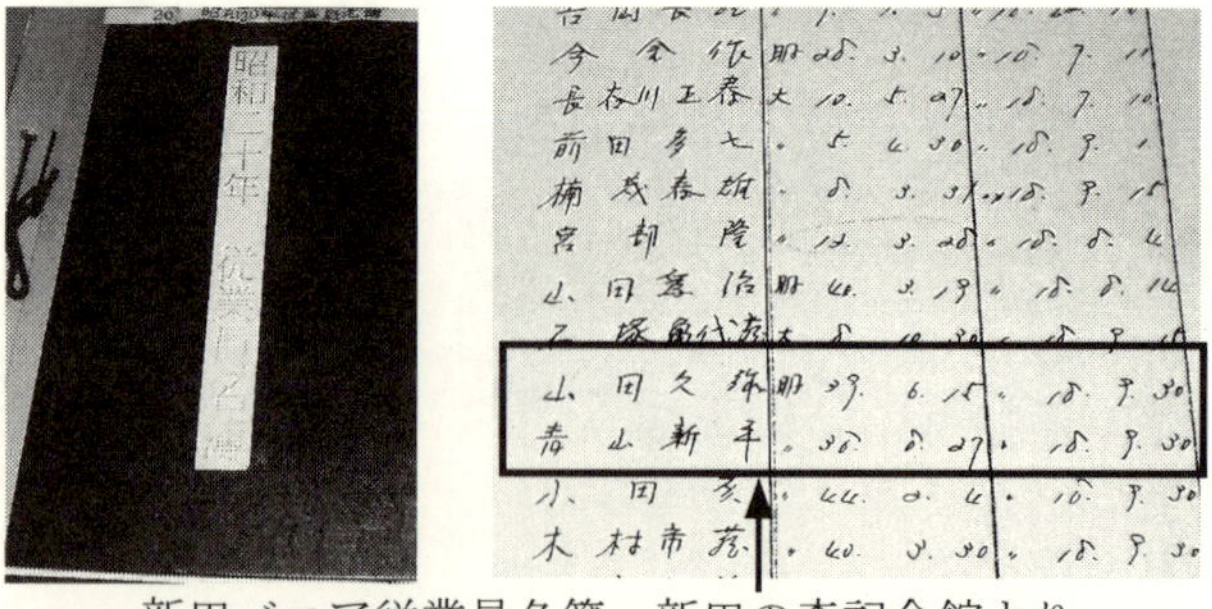

新田ベニア従業員名簿　新田の森記念館より

馬車は二台で二往復し、十五六人の隣組みの人々は汽車や自転車で荷物を運んで下さった。倉庫には未だ家具等を残しておいたが、母が折角求めて喜んでいた膳椀は、特にお世話に成った向かいの佐々木さんに差し上げた。止若駅へ降り工場の社宅へ向かい、丘の上でおにぎりの昼食をした。大勢の手伝いの方達のお陰で、何とか荷物も納まり六畳三間の部屋にベニヤ板を敷き慰労会と送別会が行われた。

戦時下とはいえ今日ばかりは酒あり魚ありの賑やかな宴となった。お隣の柴田自転車屋さんの、みさおばさんが今も家で使っている包丁で、お刺身を上手に作って下さった。「此の包丁はいい包丁だ」と言っておられたのを思い出す。

幕別の丘に建てられた社宅で生活が始まった。幕別村止若の東の丘にずらりと並んだ社宅は陽当りも良く、朝日・夕日の眺めも良く自然の中に、ただ暮すだけなら住みよい所であった。

※（s50年代から帯広のベットタウン化しているようだ。新田ベニヤは其の後ニッタックスと社名が変わり多くのスキーの選手を出している様だ）

主人に「行ってらっしゃいませ、お帰りなさいませ」と、手を突いて挨拶をするサラリーマンの主婦の幸せを味わう事が出来た。店番に気を張る事もない、食料品集めをして代用食を作っていれば良いのである。

★ すわ山※ ★

博道と實が、すわ山（明野が丘公園スキー場）へスキーを担いでエッチラ、オッチラやっと登ったと思ったらスーッと滑り降りる又エッチラオッチラ登っていく兄弟。あっ‥惜しいまた一瞬に滑り降りなのである。丘の家の窓からあかず眺めて楽しい日を送っていたが、此の時節にそう良い日が続くわけがない。

◎　すわ山に黒き二点の滑りいく　あかず見つめし昔もありき

★　千人針　★

昭和十六年十二月の日米開戦より二年余り経過し社宅でも応召、出征、戦死者も出てくる。洋子は寅《とら》年生まれ「寅は毘沙門天のお使い」「寅は千里を行って千里を還《かえ》る」と云う由来から出征する人、あるいは前線にいる人の武運長久を祈る家族から良く頼まれ進んでお受けしていた。

寅年の人は自分の年齢だけ結び目を作る事が出来るので、特に寅年で年配の婦人が居られると、その方は特別忙しかった様である。一メートル程の晒《さらし》に、赤い糸で千人の人に一人一針ずつ縫って貰い結び目を作るのである。兵士は此れを弾除けのお守りとして腹に巻いたり、帽子に縫いつけたりした。

千人針

★　金属供出令　・　零戦堤号　★

次第に配給量も不足してきた。牛乳もたっぷり飲めていたのに次第に貰えなくなる。物資が段々乏しくなるに連れ、昭和十六年の金属供出令が定められ翌十七年より各地で大々的な回収に乗り出した。池田や幕別でも役所、学校、職場、家庭の別無く、子供の玩具も含め金属類は根こそぎ回収の方向に進んでいった。

其の為子供の玩具は木製や竹製となった。この時代に生まれた言葉が「家庭鉱脈」と言われ、家庭に有った花器、仏具、鉄瓶、火箸、金銀杯、煙管、置物、指輪、鍋、釜など又寺や神社では吊灯篭、看板、釣鐘、仏具、門などと殆ど例外は無かった。

国許では、宣徳《せんとく》火鉢、日本刀十振り、銅の雨樋、鉛の水道管等、西大谷本廟の墓の鉄枠など已む無く供出した。雨樋は孟宗竹で代用したそうである。老母は一人暮しなので心細く、周りの人たちに世話を掛けて負い目になっていた様だ。

更に亡くなられた仙右衛門さんは昭和二年に八町の瑞祥寺に境内の石畳、築堤、門柱等さらに本堂の上に掛ける山号「甲羅山」大谷考慈書の額や、上卓、前卓等を寄進されていたが其の門柱の門扉も釣鐘など他の仏具と共に応召されている。

さて我家の方では母と私の指輪数点、かんざし、帯止めなど思い出の品も含めて供出した。翌年になると尚厳しくなり「未だある金属出せ、いまだ」の呼びかけで非常回収が強化された。当時としては残して置きたくても、所持しているのを誰かが知っているかもしれないと言う思いもあり、隠していると非国民扱いにされたのである。

また親族でも堤辰二郎氏の銅像は勿論、同じく雨樋、調度品等多数出されたそうだ。その後、主人の叔母に当たる堤いと女史は兵隊ばあさんと呼ばれ、愛国の思いも事のほか強く「零戦堤号」と「隼堤号」の軍用機を二機　国に寄付され、後に夫辰二郎氏に続き、いと弟旭川店の青山与惣次郎氏、同じく弟、東京店の青山末吉氏ら、それぞれに一族の四人の方が紺綬褒章を授与された。

堤いと女史

金属供出風景

P30・P63　瑞祥寺　山号額（大谷考慈書）門柱・
石畳・築堤・前卓・上卓

P63 常禅寺観音堂開眼式（堤いと女史　建立）

観音堂開眼式の光景

★　あわや転落、十勝川鉄橋　★

主人は幕別から利別方面へ行くのに、十勝川の鉄橋の端（板で約70㎝の幅で通行してはいけない所）を、自転車に乗ったまま通行中にバランスを崩して転落しかけ、咄嗟《とっさ》に鉄橋の縁にぶら下がり宙吊り状態となり、必死の思いで懸垂の様にして鉄橋上に這い上がり九死に一生を得られた事があった。

過去に何回も自転車に乗ったまま渡っていたので油断されたのだ。とにかく其の時はもう駄目だと思ったが、家族の事が眼に浮かび無我夢中で這い上がったそうだ。　また主人が身軽だったのと列車も丁度通過しなかったのが幸いしたのだ。そして半分鉄橋から落ち掛けていた自転車も引き上げて帰って来られた。私はその鉄橋を見かける度に其の光景が眼に浮かび神仏のお助けに感謝したものである。

★　代用食・馬糞拾い・　★

昭和十九年のお正月を迎えた。　池田から食料を持って来ているが子供盛りである。段々と備蓄が減ってくる。川向いの長島猪馬治様は池田店当時一番のお客様で又逆に野菜など食料を分けて頂くなどのお付き合いであった。止若へ越してからも小麦、ジャガイモ、澱粉・甜菜《てんさい》（砂糖大根）など統制されている食料を馬橇に隠して、其れこそ怖い橋を渡って運搬して下さり、嬉しい限りであり感謝の極みであった。

小麦でパンを作り、うどんの加工も内々で頼める。馬鈴薯を茹《ゆ》でて潰し澱粉を混ぜて芋団子を

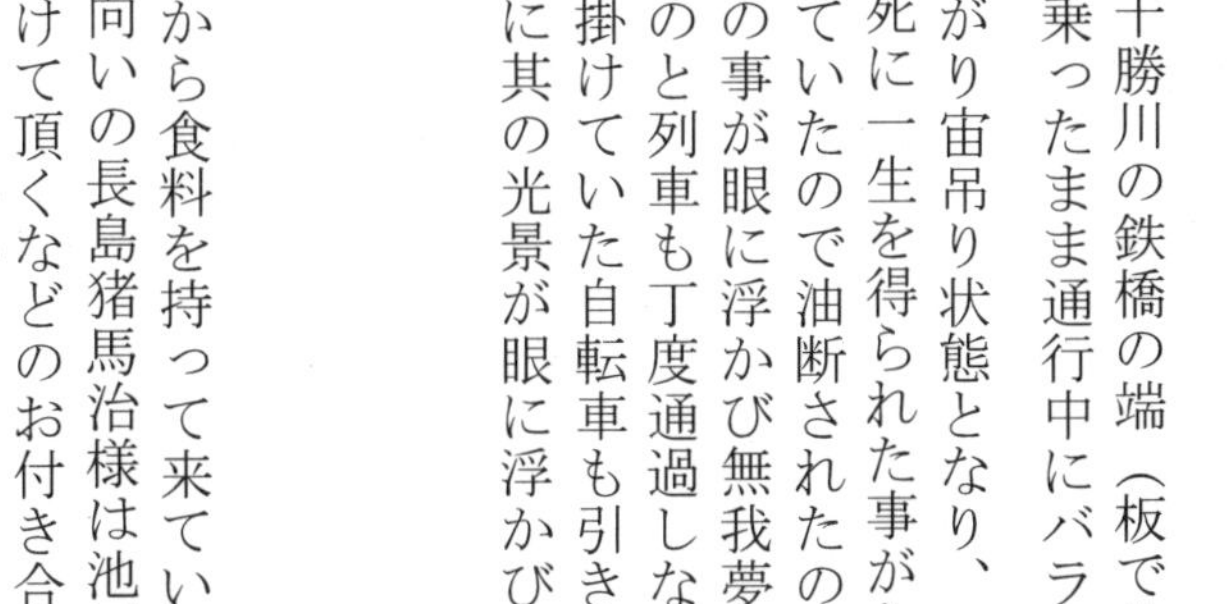

転落しかけた十勝川鉄橋

作り昼食の、ご飯の代用とする。甜菜をきざんで汁を煮詰めると砂糖の代わりになり、中長豆を入れ団子を入れるとぜんざい汁粉になる。色々工夫して賑やかではある。此方も長島様には衣料の方でお返しをする。何処の家庭でも全て物々交換が常識で、配給だけでは栄養失調で死を意味する事になる。

魚屋に行くが魚はあっても此れは兵隊さん行きと渋り、暗に衣料との交換を持ち掛けて来る。豆腐屋へ行っても未だ固まってないと言うので、では待たせて貰うと言いながら、糸一束をそっと渡すと豆腐も揚げもすぐに出てくる。また先の魚屋では行列に並んでいると「青山さーん…」と言って、特別に大きい鮭を高くぶら下げて渡してくれた。私は周りの大勢の人に気兼ねするやら赤くなるやらで… 一寸あの店は行きにくい。

博道は池田中学へ通学し實は幕別小学校六年に転校している。秀雄は四月に幕別小学校一年に入学した。博道は背嚢カバンを背負い木箱にシャベルを持って、池田大通りの馬糞を拾い学校へ持って行く。もう既に学校の校庭は農作物を作る畑に変えられ、其の畑の肥料にする為に、全校生徒が持って行くので、農作物に大変貢献したそうである。（帯広辺りの学生に糞中と揶揄《やゆ》されたらしい）又出征兵士宅の農家へ援農にいき勉強の時間も少なくなる。

實は薬草採り、クローバーの種採り、繊維になるイタドリ採りに山野を駆け巡り、家では小柄な体で、遠くまで水を汲みに行ってくれたのには全く助かった。

母は社宅から丘伝いに二キロ程の所の、開墾も充分されていない畑地を会社から借りて野菜作りを始めた。私も体の具合もよく鍬を持って懸命に母と共に汗を流したものだ。

池田中学校

★大谷高女生の援農、徴用・★　★　軍用機幕別村号　★

昭和十九年の春、大谷高女は七師団の飛行隊「鏑《かぶら》部隊」の司令部に徴用となり、帯広は文字通り軍都となる。
反面、街は商店の閉鎖や応召が相次ぎ駅前も大通りも、だんだん閑散となって行った。当時は時々帯広の病院に通っていたが、かっての賑わいはまるで無く、何となく心細く不安になってきたものである。※（此の鏑部隊は北方の守りのため岐阜の各務ヶ原基地より移動して来た部隊で　約百五十の軍用機があった。）

大谷高女の方は代わりに庁立帯広高女に間借りしての授業となり、そのうえ女子学生も、上士幌大樹に援農へと食料の増産に徴用。また新田ベニア工場や他の工場にもかりだされていた。先生方も其の監督や防空壕堀りなどで、学校での、まともな授業は、殆どされる事は無かった様である。

十九年六月十五日　主人は軍用飛行機幕別村号の資金として幕別村に弐十円を寄付される。以前に徴兵検査では不合格になっていて、戦地へ行ってお国の役に立てないので、せめてもと云う考えであったのであろうか。

感謝状

青山新平殿

今回軍用飛行機幕別村號献納ニ當リ之ガ資金トシテ金貳拾圓也ヲ献納セラレ正ニ受領烈々タル御忠誠洵ニ感謝ニ堪ヘズ今ヤ擧國一致航空機増産ニ熱誠ヲ捧ゲ大東亞聖戰ノ大目的ニ邁進ヲ要スルノ秋此ノ種美擧ハ邦家ノ爲誠に御欣快ニ堪ヘズ愈々倍々銃後ノ諸般ニ活模範ヲ垂レ國家ノ爲御貢献ヲ祈ル右忠誠溢ル、献金ヲ受領シ謹ンデ感謝ノ意ヲ表ス

昭和拾九年六月拾五日

中川郡幕別村長

猫山常太郎

感謝状　幕別村号　感謝状

★　勝山医院・銭湯　★

秋に私は妊娠に気付き勝山医院へ行った。「私の体で出産は可能か」とお伺いすると勝山先生は

大丈夫ですとおっしゃった。　まして当時は生めよ増やせよの時代で丈夫な子を国家の為にという世相であった。ビタミンＢ１、カルシュームム剤などを続け栄養に努めた。

社宅の風呂は遠く大儀なので町の銭湯へ行った。長い腹帯をぐるぐる解いて入る。風呂から上りお腰をするとあれっ…虱が付いていたのでそっと潰す。洋子の髪にも頭虱が付いているので始末してやる、油断出来ない。当時としては何処の銭湯でも似たりよったりで着衣や履物等の置き引き等も茶飯事であった。

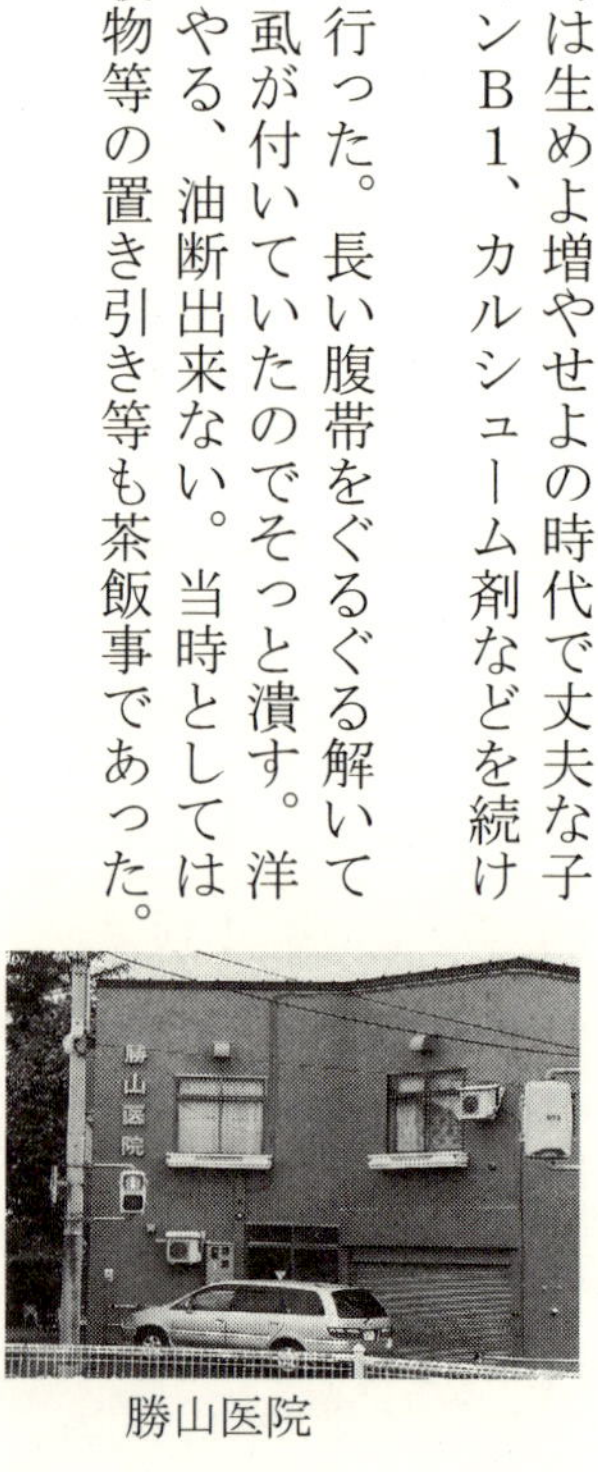

勝山医院

★　防空壕　探照灯（サーチライト）★

昭和二十年になると本土への空襲は益々激しさを増してくる。四月一日洋子の幕別国民学校入学式に大きなお腹をして付き添いに行く。青山洋子は西洋の洋ですかと聞かれた私は、むっとしてつい「太平洋の洋、東洋の洋です」と答えたが随分と愛国心を持っていたものである。

秀雄や洋子の通学に際しては皆そうであったが、防空頭巾に救急袋を肩に掛け、中には包帯・薬そして血液型を書いた札が入れられており、学校の下足箱はアヲヤマヤウコと書かれていた。　一年生に成った時は「みんなで体操うれしいなあ国民学校一年生♪」と歌いながら走って帰って来たものだ。この頃、軍需工場などがあったので、千人位の生徒がいた。

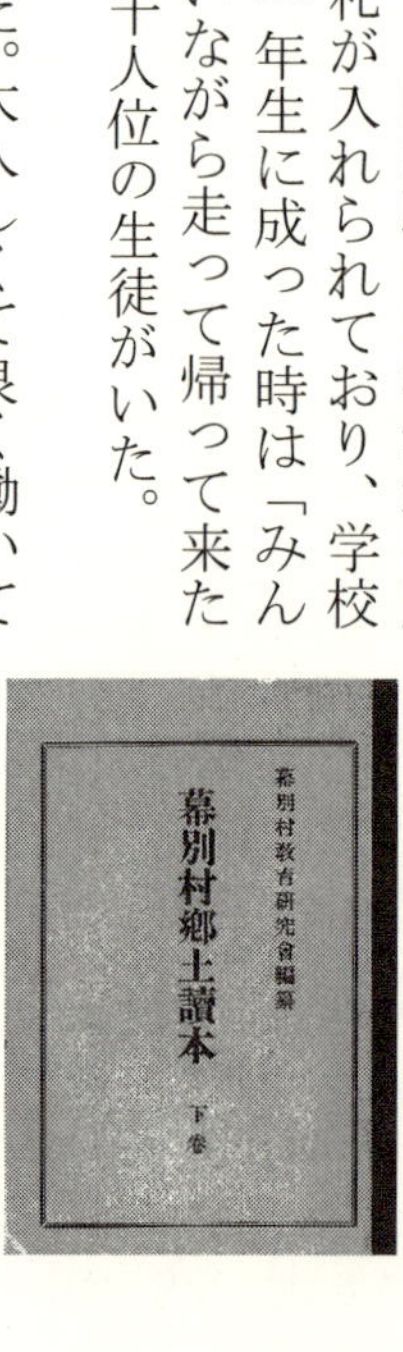

朝鮮人に頼んで防空壕を掘って貰う事に成った。大人しくて良く働いてくれた。崖渕《がけふち》に彫られた一米四方の入り口から段々で中へ入ると、鍵の形に曲げられた通路の横に床を張り、工場支給の太い柱をふんだんに使って側壁も天井も頑丈に出来ていた。

北の出口も鍵形に曲がり土を盛り上げ草を植えて完成した。あちこちに同じ壕が出来ていた。

防空壕の傍には防火用水池があり、主人は猿別川で釣って来た魚を放していたものである。また主人はがけ下に疎開用の小屋を建てた。小屋といっても八畳の床付つきの小住宅でこれも木材を工場から頂き棟上げは手伝いを受けた。そこへ衣類、食料を分散　保管した。小屋の屋根には南瓜を切って干し（サツマイモの干し芋の代わり）昆布、身欠き鰊《にしん》もおやつに成る。　また子供達は、小屋の空いた場所にブランコ、やハンモックを掛けて遊んでいた。

　昭和二十年三月十日は東京大空襲、十二日名古屋、十四日大阪とB29の成すが儘にさらされ焦土と化した。　多くの命と家や財を一度に失う悲しみ憤りは皆同じであった。其の頃になると毎夜の様に、社宅より遠く離れた南西の空から探照灯が敵機を探していたのが、不気味な印象として残っている。

★　長畑はな助産婦さん　★

　もう出産は何時どんな事が有るかも知れないし、助産婦さんに来て頂けるか解らず一人で産むと言う心構えはしていた。五月七日六時に陣痛が始まる。主人は仕事で出勤、博道は援農で留守、實の登校前に池田町役場前の産婆さん　※（長畑はなさんと言い、収入役養七氏の奥さんで人望厚く、池田で只一人の産婆さんであった）に知らせて貰った。だが陣痛は早く、とうとう母に手伝って貰い、生まれ始めた時に産婆さんが自転車で駆けつけて来て無事出産は終わった。男の子であった。

　産湯は八時の朝風呂であった。實も大きかったけれどまだ大きく、九百八十匁もあって戦時下ながらも栄養も良く元気な産声を上げていた。洋子が学校から帰ってきて女の子なら良かったのにとがっかりしていた。命名は信義と付けられ神棚に命名札を掲げ八人家族となった。

長畑はなさん

長畑養七氏

※この長畑さんは明治二十五年に青森県に生まれ、明治四十四年、十九歳で産婆試験を受け合格。伯母に招かれ渡道、大正元年に池田で産婆を開業する。その後人口の増加と共に、繁忙となり、郷里より姪を弟子として呼び寄せる等助手二人を使いながら、何時も昼夜の別なく自転車、馬橇に乗り遠方の部落にも急行した。**（この間「一万人余り」の産児を取上げ伝説の人となる。）**昭和三十八年の文化の日に長年の功績をたたえられ町の文化賞が授与された。（池田町の資料より引用）

空襲下の島根県益田行きと葬儀

信義の出産から三日目の五月十日　主人の兄、元次郎死すとの電報が届く。島根県で一緒に暮していた女性の元まで遺骨を受け取りに行って欲しいと言う国許の老母からの電報であった。

工場にいる主人に帰宅するよう連絡をし、私も床を出て出発の仕度に掛かる。主人は真っ先に駅へ走り電報を見せて乗車券を求める。切符は入手出来たが此の時局にして島根県まで行けるかどうかの保証は無い。リュックサックに食料、救急品等を詰め込み国民服に戦闘帽、防空頭巾にゲートル履《は》き　空襲は何時何処で逢うとも解らない、鉄道や駅は格好の目標だったのだ。もし益田市に行けたところで帰ることは…と思うと産後の身で出征兵士を見送る思いであった。無事に着いたかどうかの通知もない。一日一日を祈る気持ちであった。

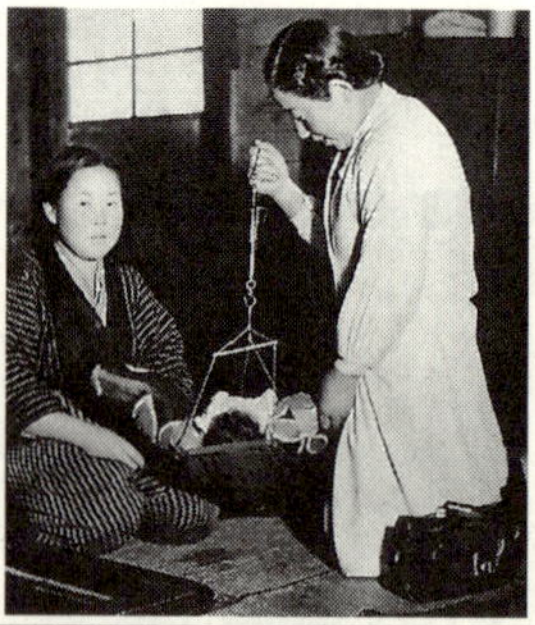
赤ちゃんの体重測定イメージ

その間主人は島根の益田市に着き兄の遺骨を受け取り、遺言の通りに家と家財をその女性に渡して滋賀県の実家に戻って来られた。其の婦人は懸命に兄の看護をして最期を看取り葬儀を出していてくれたのである。

国許の実家に於いても戦時下であり、しかも知らぬ土地で亡くなっておられるので、青山家の葬儀としては、其れこそ形ばかりの質素な送りとなった。主人は今まで幾度となく心配させられた兄の葬儀を済ませて本当にご苦労様でしたと、労わなければ成らない程気の毒なものだった。

国元立つの電報がやっと届いて五月二十三日の十二日目に無事に帰って来られて嬉しい、嬉しいと家族中大喜びであった。主人は国元の老母の寂しそうな姿が眼に浮かび何時も其れが消えず過ごして居られたのであろう。

高島援農と予科練合格

明治以降、池田には元大名で池田公爵家の経営する池田農場と実業家で明治の日本建国に貢献した高島嘉衛門（占いの高島易断の創始者でもある）の高島農場の広大な二大農場があった。

其の農場の出征兵士の小作農家や人手不足の自作農家に食料増産の為、学校から援農に行っていた。博道の池田中学から高島への援農は昭和十九年、二十年の春から秋にかけて行われた。

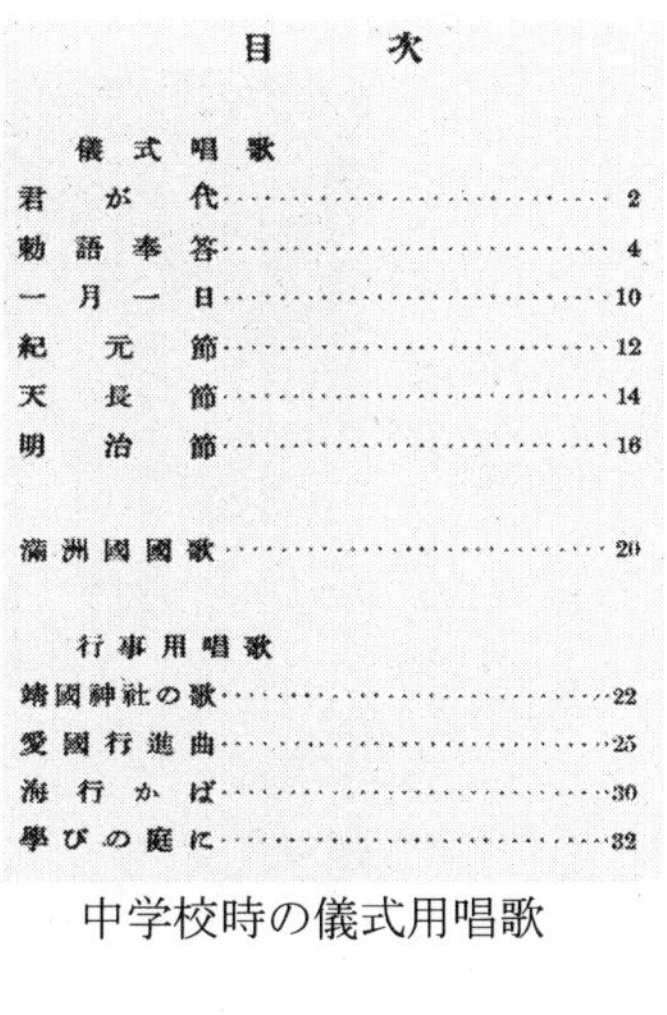
目次

儀式唱歌

行事用唱歌

中学校時の儀式用唱歌

五、六人のグループを十二軒の農家に配置して泊まらせ、昼は農作業、夜は自習の勉強である、勉強の進む筈もなかった。高島から月に一、二回帰って来ると熱湯で衣類を煮沸して虱《しらみ》退治をしなければならない。農家から貰った米の粉や豆を土産としてカバンに入れて持って帰って来た。また冬に帰って来た時は私に霜焼けの薬を求めて来てくれた。温湯に溶かし足をつけていると良く効いた薬であった。奇しくも先頃、博道の援農日誌が三十年振りに家から出てきた。昭和二十年四月二十日から八月二十九日までの記録である。援農先の農家は石川家とか松本家と記録されている。

日常の生活は概《おおむ》ね朝七時に起床・昼間に農作業・軍事教練・自習・夜八時就床と言う生活であった。農作業は排水堀り土管の埋設、馬の世話、大豆やビート、穀物の種まき、除草、とうきびの剪定《せんてい》、トロッコの枕木敷き、薪作り、馬糞出し、藁《わら》打ち等、多岐に渡って慣れぬ作業をするので、筋肉痛や関節を痛めるなど、体の出来上がっていない少年達にはかなり辛いものであった様である。

自習に於いても、もっぱら通信、勅論暗誦、等に重きが置かれ所謂《いわゆる》本来の一般教科等の勉強は余り無かったようだ。我が軍の形勢の不利が明らかに成ってきた七月や八月の教練は高島国民学校で行われ、戦闘各個教練が実施された。

地物地形を利用し敵に近接し射撃、手榴弾投擲《とうてき》、肉攻突撃など攻撃訓練が重点的に行われた。

作業や教練は辛かったが、終わった後は援農先の子供達が遊びに来たり、馬に乗ったり、川で泳いだり、蓄音機を聞かせて貰ったりする等くつろいだ時間も在った様だ。

又風呂はほぼ毎日のように入れた様である。更にたまに餅つきをしたり、夕食に蕎麦をお腹いっぱい食べた事もあったそうで農家だけに、あまりひもじい思いは無かったのが幸いで有った。

★　予科練　★

博道は援農中に私達家族に内緒で八月四日に「予科練」の試験を受けて合格していた。

学校より呼び出しがあり軍事教練の先生から「御両親の考えは如何か」と尋ねられ、「まあー」と驚く。私はつねづね博道が憂国《ゆうこく》の気持ちが強いのを知っていたし、本人の律儀な性格から自分が決めた事は曲げる事はないので、「お国の為に結構です」と申し上げたのである。その後合格の通知が来た。

入隊は来年一月とされ、事によっては年内もあり得ると言う事であった。

援農がひと区切りすると学校に通学する兄と弟が、背嚢《はいのう》カバンにゲートル姿で出て行くのを丘の家から見送る。楽しいが悲しくもある。

夕刻柏林の小道から丘の家をさして帰ってくる安堵の嬉しさ、此の幸せが何時までも続きます様にと祈ったものだ。

◎　しじまなる林の小道に柏葉を　踏みて歩めば音の響きぬ
（S29年止若・新田の森を詠む）

新田の森の柏葉

空襲の恐怖★　被弾　★

昭和二十年七月十四日　快晴である
突如警戒警報が鳴り響く。学校へ行っていた秀雄と洋子がカバンを持って急ぎ帰って来た。
北の裏戸を開けると数機の飛行機が銀色に光って過ぎていく、日本機か…頼もしいなあと見上げていた。今度は遂に空襲警報が鳴った本物だ。
私は三人の子供に防空壕へ、持って入る物を指示して小さな行李に信義を入れて行李ごと抱えて壕へ入った。母は奥まった方　私は行李を床の上に置き、實、秀雄、洋子は入口を閉めて固まった。

先の飛行機が敵機だったのだ。ラジオも入らない来た来た、信義は暗くて防空頭巾を被せているので泣き出した。私はお乳を含ませ行李の上に覆いかぶさっていた。

母はお念仏を唱え、皆は其れに習い「南無阿弥陀仏・なまんだぶ・なまんだぶ」全員耳と目を両手で塞ぎ身構えた其の直後、どかーんと耳が唸り頭へグーンと来る。すざまじい衝撃である。

やられた…と思ったが幸い皆無事である。少し離れて又ドカーンと、二弾目を落としどうやら敵機は遠去かっていく。何分かの間まさに息詰まる思いであった。

壕の北側の出口扉が外に飛ばされていた。壕の内部は出入り口より鍵形の通路に作られていて、直接爆風を受けなかったのが良かったのである。本当に危ない所であった。良く命が助かったものだと思った。

壕の扉が外に飛ばされたのは爆発の瞬間は一瞬真空になる為だそうだ。

信義はいつしか眠っていた。皆ここに居る様にと指示し、周りの様子を見に行こうとした時に工場の方から、此の社宅へ向かって三人が歩いて来られる。先頭は若い新田工場長であった。工場長は「無事ですか異常はありませんか?」と云われたが無事は無事でも大いに異常はあった。

なんと家の防空壕の近くに池があったが其の周りに二個の爆弾が落ちて直径四メートル程の大きな穴があいていたのだ。

あちら此方の壕から人が出て来た。主人も帰ってこられ家族の無事を喜んだのだが、住まいを見ると家の壁や柱に爆弾の十数センチの破片が三個程刺さっていた。

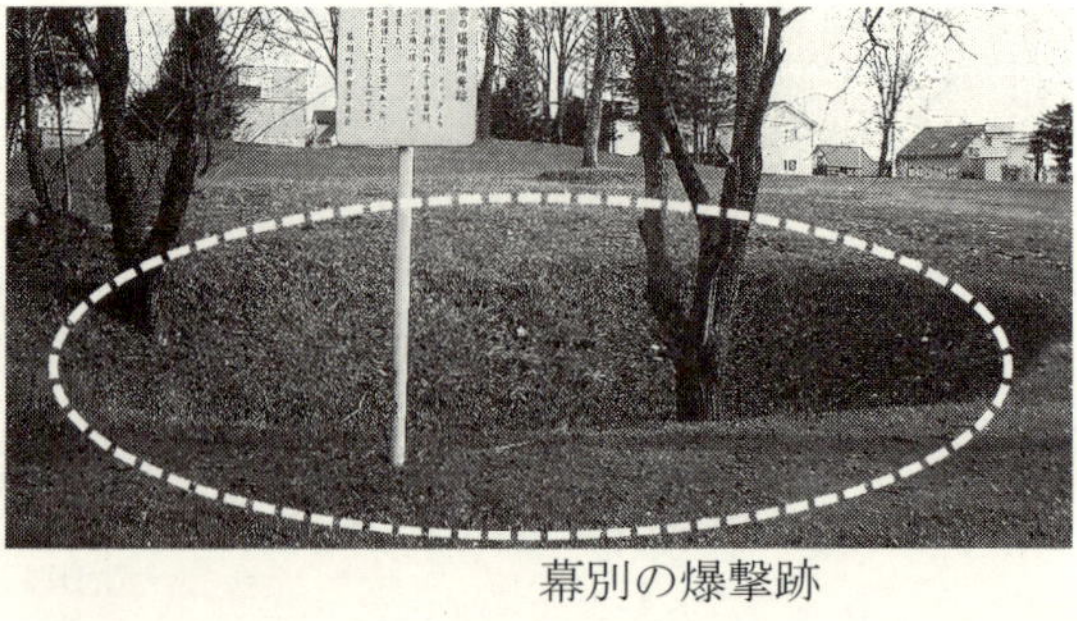

幕別の爆撃跡

ガラスは割れ、物は落ち土埃りで中にはとても入れない。此れを見て又背筋が凍る、壕に避難出来て良かった。又焼夷弾ではなくて家が焼けなかったのも幸いであった。

★　炊き出し　★

幕別町役場から調査と慰問に来られ被災者証明書を貰った。昼食ぬきで夕方になって役場からお握りの炊き出しが届いた。大きなお握り一人に二個ずつと、焼いた塩鮭と沢庵を防空壕の上で大きな爆弾跡を見ながら食べたが其の美味しかった事。

隣の元下駄職人の家は焼夷弾を恐れ、布団を外に積んでいたのだが其れが、あたり一面ボロボロに飛散って役に立たなくなり、今夜にも困るだろうと掛敷き一組お上げした。このような時は、お互いに助け合いの気持ちで欲得は無いもので他の方々にも衣料等をお上げした。今夜は崖下の疎開小屋で寝る事になる。七月の事とて皆で簡単に休む事が出来たが翌日からは空襲の恐怖にさらされ乍ら、後片付けや掃除、修繕に忙殺される。

池の貯木場の木材が空高く飛んだそうである。又防空壕の入り口で頭隠して尻隠さずの老人の臀部に爆弾の破片が刺さって怪我をしたが軽症で済んだそうだ。この日、隣の本別町でも爆撃にさらされ三十数人が亡くなり何十件もの家が破壊されて大きな被害が出たと聞いた。後日に室蘭沖の空母艦載機から飛び立ったグラマンの攻撃と知った。

★　機銃掃射と室蘭艦砲射撃　★

七月十六日　警報が鳴って学校から秀雄、洋子が帰ってきた。實は汽車が不通で学校を休んでいた。又六人（母、私、実、秀雄、洋子、信義）で防空壕へ逃げ込む。

正午前、敵機がゴーッと来るとパンパンパンパン、パチパチパチパチ、あれは何？あれが機銃掃射と云うものか又きた今撃たれる、今撃たれるかと体が硬くなり身構える。ああ…行った。敵機は飛び去ったと一先ずほっとする。主人は家に駆けつける途中で工場の近くの壕に避難しておられた。

今回の機銃掃射は誰も被害はなかったそうであるが、ほぼ同時刻に池田の列車踏切に於いて一人機銃で撃たれたと聞いた。

信義は牛乳と母乳で育っていたが、先日の空襲から町の牛乳屋さんは配達してくれなくなった。丁度筋向いに清水さんと言うお宅があり、其処の奥さんは女の赤ちゃんで搾る程と云われるので日に一度だけ頂く事にした。ゴクンゴクンと、とても美味しそう飲んでいた。ある日警戒警報が鳴っていた時、道で立った侭で飲ませて貰っていたら、今度は空襲警報に変り無理に乳首をちぎる様に受け取った事もあった。

洋子は警報解除になると夕刻、信義を負んぶして牛乳瓶の入った袋を提げて牛乳を買いに行く。お使いに役立つ誇りと一日一度の子守をする嬉しさで坂道を降りて町迄で出掛けて行った。其れはずっと続けられた。

時々警報が鳴って落ち着かぬ処を援農に行っていた博道が帰ってきた。

「あれまあ…此の危ない所へ帰ってくるなんて……」と遂言ってしまった。其のまま田舎にいれば安全なのに私達は、もう命は解らないと思っていたからである。

博道は工場の空襲を聞いたけれど汽車には乗れず、長い道のり七里から十里を歩いて帰って来たのだ。互いの無事を喜び合った。

何時までも一緒に居たいが此処は危険だし二日間の休暇で援農先に帰らねばならない。帰りの汽車に乗るのに駅で証明書を貰ってくる。明後日の八時とかだったと思う。帰ってきて嬉しいけれど又別れは辛く、今度は何時《いつ》逢えるかと思う。空襲と本土決戦を意識する様に成ってきたからである。博道が新田の坂を下りて行く姿を何時までも涙で見送った。

空襲の前日の十三日に室蘭が艦砲射撃で大きな被害が出たと聞いたが、室蘭沖より艦砲射撃があると札幌まで届くとか、広尾の太平洋岸から艦砲射撃されると帯広迄も届いて壊滅されるとかびくびくの毎日であった。

八月六日広島、八月九日長崎と新型の爆弾が落とされ、広島と長崎が壊滅した事を暫くした後から工場の噂で流れて来たが勿論詳しい事は解らない。此れが原爆でこの戦争のとどめと成ったことは戦後に知る。

終戦 ★ 玉音放送 ★

昭和二十年八月十五日、正午に重大発表があると言うので、ラジオのない方達が家に集まって来られ、正座してラジオの音に耳を澄ます。陛下により終戦の勅命が発せられた。

一同は終戦となる陛下の御決断を喜ぶ気持ちと、敗れた悔しさに声を上げて泣いていた。

讀賣報知
御親ら御放送 けふ正午
帝國政府 四國共同宣言を受諾
萬世の爲に太平開かむ
畏し 敵の殘虐 民族滅亡を御軫念
神州不滅 總力建設御垂示
詔書
戰爭終

S20年8月15日読売報知新聞

もう空襲が無い喜びと、今後何が起こって来るのかと新たな不安とが交錯する。さあ後片付けだ、仕事だ、勉強だ、畑の仕事に食料の確保だ。疎開者も帰って来て希望がだんだんと湧いてくるが、空襲時に防空壕で寝起きしていた一軒おいて隣の大西弓子ちゃんは朝方壕から出てくると顔色が悪く、十分な手当ても受けられずに死んで逝った。元下駄屋さんの長男も結核で亡くなった。戦時下の犠牲者であった。

なにかと工場の診療所も患者が増え、とても間に合わなくなっていたのである。弓子ちゃんは洋子達と良く遊んでいたので一層哀れを誘い、子供達も泣いていた。

八月三十日博道が高島から帰ってきた。お国の子であった博道は私達、家の子として我が家に戻って来た。もう少し戦いが長引けば予科練に入隊し出陣であった。終結の大御心《おおみこころ》を感謝するのみである。

信義の睾丸に水が溜まるやら、私の左耳が外聴道炎に成るやらで帯広の志田病院（現帯広第一病院）へ通院することに成った。久しぶりに汽車に乗ると信義は足をとんとん背中でご機嫌だ睾丸の水を注射器で二度抜いて貰って、すっかり治ったのだが私の耳は中々治らず信義を負んぶして一ヶ月ほど通った。あまり横柄な耳鼻科医に一寸靴下をプレゼントしたら、たちまち丁寧に治してくれたが、ああ情けないこうゆう道もあった。

★　ソビエト参戦・友人命がけの樺太脱出　★

樺太から引揚げてこられた同級生の小林マサさんにも逢えた。

八月十五日終戦直前の八月九日ソビエトは日ソ中立条約を一方的に破棄し攻撃開始、だまし討ちの様なソビエト軍の侵攻により樺太も戦場と化し悲劇的な様相となる。※（写真は一時、小林さんが働いていた樺太の山城屋呉服店）

樺太の豊原　山城屋呉服店

リュックサック一個で命からがらの脱出で最後の船であったとか、あとの多くの方達は残されたままに成ったそうである。

又三隻の引揚げ船が脱出中に、ソビエトの潜水艦に攻撃され千七百七人もの死者、行方不明者を出した三船殉難事件が八月二十二日に、発生している。

これも後で知った事であるが、火事場泥棒的なソビエト軍の侵攻は終戦後も続き、樺太と北方四島に留まらず北海道に上陸して少なくとも北半分の占領を企んだが、トルーマンの米ソ対決辞さずの強硬な抗議で九月四日になって、ソ連軍の北海道侵攻が中止となった。

もし占領が実行されていたら極寒のシベリヤで六万人以上もの抑留者が死亡したと聞くに及び、私たち家族もどんな運命を辿っていた事か空恐ろしい限りであった。これも非常に、現実味を帯びた話なので私たちは本当に幸運としか言い様の無い事であった。

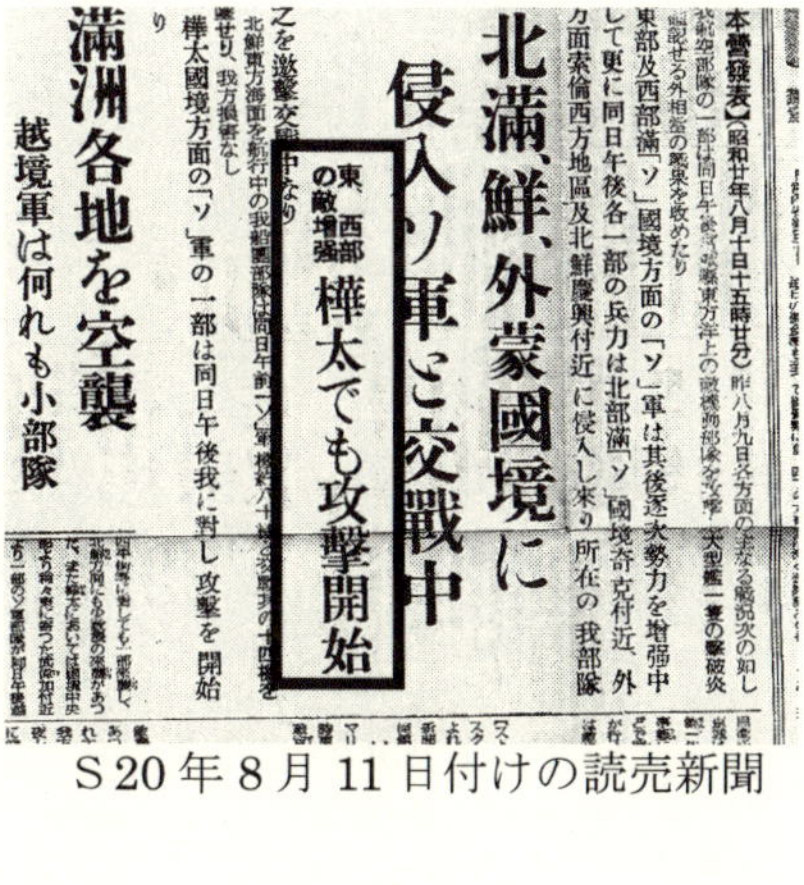
北滿、鮮、外蒙國境に
侵入ソ軍と交戰中
東、西部の敵增强
樺太でも攻撃開始
樺太國境方面の「ソ」軍の一部は同日午後我に對し攻撃を開始
滿洲各地を空襲
越境軍は何れも小部隊

S20年8月11日付けの読売新聞

次の通院の日に小林さん宅にお邪魔して衣料品をお見舞いしたが、改めて樺太での数々の惨劇をお聞きするにつけ残された方たちの無事を祈るのみであった。

佐藤万代さんにも車中で出会い少しの時間にせわしくお話をした。私が池田に居ると思い池田小学校へ転勤して来たら、既に止若へ行っていたと言う事など、此のお二人とは三十五年を経た今も文通しているのである。

食料調達　★南瓜買出しと長島さんへ芋ほり・あり地獄・蜂蜜・弁当★

此れまで生き残れた事に私は感謝するばかりである。空襲中は明日をも解らぬ命と落胆的に成った事も有ったが、食料も食い込んで、とうとうお米も不足してきた。

　木の輪のリヤカーを母と洋子が引き、私は信義をおんぶして猿別の農家まで南瓜の買出しに出掛けた。（ほぼ十貫目二十数個）　また母と主人は泊りがけで川向いの（河合）の長島さんへ、じゃが芋堀の手伝いに出掛けた。馬鈴薯をわけてもらう手伝いである。母は夜泊まると池田の町の灯が見えて泣けたと言っていた。

長島さん

　川向の柳原へ蟻地獄（ウスバカゲロウの幼虫）を採りに行った事がある。蟻地獄は強壮剤に成ると言われ擂鉢状の砂の真ん中に隠れて蟻が落ちるのを待って捕食する。其の蟻地獄を灰漉し網でふるい、捕らえてアルコールの瓶に漬けておくのだ。蟻地獄には迷惑な話だが見つけて捕るのが面白くて、また薬になるとあっては尚更で帯広方面で随分流行ったそうである。

　其のとき秀雄が風邪で熱が有り日曜の事で主人と二人留守番をしていたが、其れが悲しくて忘れられないと言っていた。

　柳原にはカッコウ、ホトトギス、まひこ、あおじ、等の小鳥が数多くいて、鳩位の鳥が大空に輪を描き、やがて地上めがけてグチュ、グチュ、グチュグチュと音を立てながら急降下する。そして又空に舞い上がり急降下する。私たちは其の鳥の名が解からず急降下爆撃機と名を付けた。

　蜂蜜を農家から分けて貰う為（個人に売る事は禁止されていた）早朝より一升瓶を風呂敷に包んで背にし、養蜂農家を訪ね頼み拝んで買って来た時の嬉しさも忘れられない。

　小学校のお弁当は代用食とされ秀雄も洋子も代用パン、芋、南瓜《かぼちゃ》、其れを利用した団子等の弁当を持って通学していた。余りにも南瓜を食べるので顔が黄色く成ったものである。
しかしクラスの中には代用食さえ持たない欠食児童が二三人いて、洋子は芋団子や南瓜団子を上げたと言っていた。

★　フンベ山・千代田に米の買出し・八木沼渡し（十勝川の渡し）★

池田町河合の頼みの長島猪馬治さんは畑地ばかりなのでお米は無い。保存米もあと僅かになり配給米は勿論足りない。遂にお米の買出しに出掛ける決心をした。

統制化で監視されていて見つかると大変である。代用食のパンを持ち、もう後たしなく※（少なく）なった木綿縞《もめんしま》と割烹着《かっぽうぎ》、お金を用意し、池田の店時代の千代田のお得意さんに頼もうと信義を母に預けて朝早く出かけた。幕別村止若から東へ東へ長い道を足の速い私はどんどん歩いた。

十勝川の渡し場を渡り池田を右にフンベ山（アイヌ語で鯨と言いクジラの形をしていた）を左にみてフンベ山の麓《ふもと》を巡ると千代田水田地帯へと来る。懐かしい山、遠足に来た山、母が山菜採りに来た山、あまりの水欲しさにモンペの無い時代に笹の坂を着物の裾を前に回し上から下迄、滑り降りて農家で水を貰って飲んだと時々話していた。

麓より上って小高い所にある　陶久《※すえひさ》国造宅を見つけた。「よく来たね」とは云うけど中々お米は売ってくれない。とうとう最後の切り札の木綿縞

千代田の水田地帯　陶久農園

と割烹着を出して米一斗と交換する事にした。所謂《いわゆる》物々交換である。一生懸命なので何とでも交渉できるものである。布袋に五升ずつ二つに分け、「気を付けてね」と注意されておいとました。肩に前後に振り分けて担ぎ、誰にも出会わぬ様にと辺《あた》りに気を配って元の道を急いだ。右の肩が痛むと左の肩に、左が痛むと右の肩へ変える。家に居る者は代用食でも働く主人や中学生には、ご飯の弁当を持たせたかったのである。

十勝川の川岸まで無事着いたが、空が暗く雨が降りそうになって来た。向こう岸の渡し場に向かって「オーイ、オーイ」と大声で叫んだ。八木沼渡しは幕別側に住んでいるので此方から呼んだ所で見ていなければ中々聞こえないだろう。

十勝川向う岸は二百米程?あるので遥かに霞んでいる。手を振り振り「オーイ、オーイ」、とうとう雨がポツポツ降り出して来た。泣けてくる悲しさと念ずる気持ちは必死である。

ははあ向こう側の客を待っていて其れから迎えに来てくれる積りかと、やっと解かってホッとした。渡し舟に乗る。太い鉄線を捻《ねじ》り合わせたワイヤーに輪のかぎを手繰《たぐ》り手繰り伝《つた》うように渡るのである。

岸に着けばもう手中のものである。幸いにも荷物を咎める人も無くて良かった。家にたどり着いた時はやれやれで、疲れがどっと出たのを思い出す。

馬車を乗せた　渡船　池田町史より

平和の訪れ

★ 農地開放政策・新田の森・相撲の慰問・運動会・祭り・盆踊り・信義迷子 ★

GHQの農地法により不在地主は農地を没収されることに成った。買い上げといっても没収の言葉が適当と思われる程安いのである。　其れで田を自分で耕作していなければ不在地主として取上げられる。

国許の老母は七十三歳、先祖の田地を残すため農作をすると言われるのである。一人一反として北海道の家族が引揚げれば九反が残る事になるので、皆で帰って田を作って欲しいとの念願なので、主人も家族と相談し仕方なく同意し、遂に三十年余りの北海道を去り滋賀県へと引揚げる事になったのである。池田で又旗揚げするにも店は手離し倉庫は未だ残っていたが、店が出せるかどうかは未だ混乱の時代のせいもあって、そうなっていく運命なのか。

坂下の新田神社の森にキツツキがコツン、コツン、コツン、コン、コン、コン、コン、と甲高く木を突っく春である。もう此の音も此の春限りか。二三羽が木の陰に隠れては人が過ぎると又突っく。

唐松林（北海道では落ち葉松と云う）の芽吹く頃、玉錦、名寄岩の相撲の一行が慰問にやって来た。子供達はお相撲さんを見るのは初めてである。信義には堀秀子さんから頂いた手製の白いケープの服を着せて連れて行ったが、多くの人なので抱き上げなければ見られなかった。

新社宅にも大浴場が出来て便利に成った。

夏の盆踊りは隣の大工さんは笛が上手だ。洋子は始めて浴衣を着、帯に団扇《うちわ》を差して踊りに行く。色々の仮装をした人々が二重三重となり音頭やぐらの廻りを踊り、北海盆歌で夜は更け、丘には平和が戻ってきた。

新田神社

運動会も行われた。旧の社宅と新の社宅の対抗が行われ元新聞記者が、とてもインテリで進行係と上手な応援団長をし楽しい一日であった。信義が帰ってくると三三七拍子を盛んに真似をして扇子を広げ足を張りチャッ、チャッ、チャッ、チャッ…。

北海道の秋祭りは賑やかである。新田の神輿《みこし》を初めて拝し、山車の上では女工さんが、りんご可愛いやを歌って踊っていた。訳けは解からないが日本中がホッとした明るい歌であった。

春には通貨の切り下げが行われた。旧円と新円に切換え、一ヶ月に百円しか引き出せないのでインフレは抑制されていたが現金はまったく無い。

其処へ国許から大阪の上島さんへ、三万円支払の為（私には何の事か解からなかったが元次郎兄の遺産の事かと思う。未だ兄の後始末が残っていたのだ）如何しても入用なので送って欲しい。その代わりにと勧業銀行の證券が送られてきた。

年に一度の配当を貰ったって十年掛りか二十年掛りか知れた物ではないか、其れは中村海造さんと国許の老母が相談して決めての申し込みであった。

引越しにもお金が入用だし池田の倉庫を長島様に買ってもらい、道具類、輪島塗の膳椀等を近所の人達に買って頂いた。品物の無い時代なので喜んで買っていただく。国許に持ち帰るものは後日長島さんに馬車で幕別に運んでいただく事にし、どうしようも無い物は倉庫ごと残していく事とする。

私はじめ子供達の思い出となる物も仕方が無い、まあ戦災に会うよりましな事と思わねばならない。

池田に弁当持ちで荷造りに来ていたが、何やかやと午後になり、もう止若に帰らねばならない。洋子に信義の子守を頼んでいたが、洋子が隣の上野さんの和ちゃんと遊んでいて信義が居なくな

買って頂いた膳・椀

るのに気が付かなかった。持てるだけの荷物を持ってさあ帰ろうとしても信義が近所にも見つからない。何処か知らぬ所をよちよちと行ってしまったのか手分けして探す事になった。

と…信義が男の人に抱かれて泣き乍ら此方へ向って来た。家族一同大喜び西一条通りの裏道を泣き乍ら歩いていたそうで、保護してくれた方は「見た事の無い子供だが、丸〆さんに似てる子なので此処に来ておられるかと思って連れて来た…」と言われるのである。

不思議と感ずる他は無い事であった。

★　旭川の土地・十勝川温泉・★

又北海道を去る数年前に、旭川に仙右衛門さんから引き継いだ、何区画ものの農地と宅地があり数軒の農家にお貸ししていた。その売却に当っては信頼していた仲介者に頼んでいたのだが、其の仲介者が売却金を着服し代金が貰えないまま已む無く滋賀に帰郷となった。旭川店も叔父青山與惣次郎さん亡き後は代替わりすると共に自然と疎遠となり、お金の回収も頼み難《がた》く結局その仲介者に頼んだ結果であった。滋賀へ帰ってからも何回も手紙で督促しても梨のつぶてで、主人は戦後五年後に旭川まで渡道されて交渉したが相手はただ頭を下げるだけで、埒《らち》が明かず結局徒労と成ったのだが、此れは誠に苦い辛い思い出となったのである。

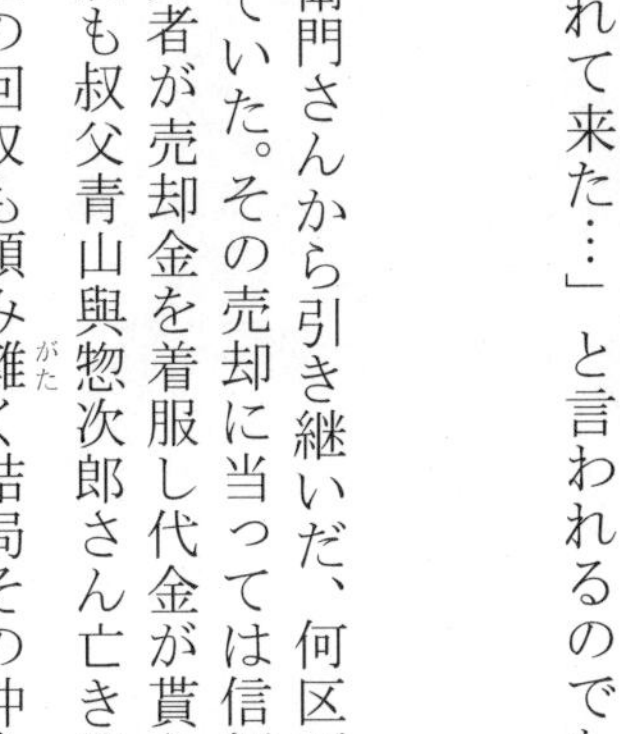

旭川店　第七師団向け帳簿

其の後、池田に立ち寄った際に大通り五丁目の皆さん柴田様・新津様・渡様・川東様達十一人の方々に十勝川温泉で歓待して戴き、その暖かい歓迎に旭川の苦い思いも束の間忘れる事が出来たと言っておられた。

◎　夫《つま》ゆけば望郷の想い切なくて　日高の銀嶺は我を招くや」（主人渡道）

P85 旭川にて　大谷門主

P85 十勝川温泉にて歓迎会（s25 年）

昭和 30 年代の池田大通り 5 丁目

★　十勝川水死事故　★

帰郷の準備に忙しくしていた頃の昭和二十一年八月お盆前に大きな事故が発生した。新田ベニヤの従業員さんが十勝川温泉に泊っての帰り、十勝川の渡しで定員過剰により船が沈没し四人の方が亡くなられたのである。

其のなかには偶然にも博道、実、秀雄、洋子と同学年の子供を持つ高田さんが犠牲者におられ、四人の棺を乗せたトラックが帰ってきて社宅の前を通過して行った。やっと戦争が終わり平和が訪れたのに、残された家族が哀れで辛い送りであった。その後も、同学年で洋子の友達であった高田満智子ちゃんとは滋賀に帰郷してからも高校時代まで文通は続いていた様である。

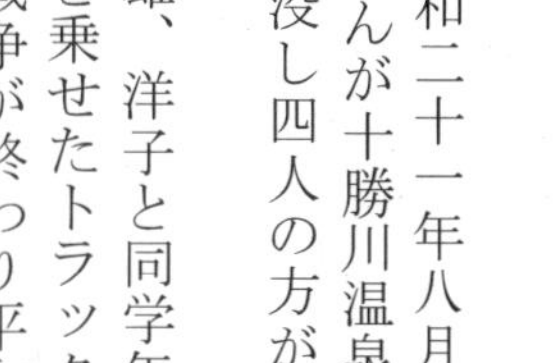

水難事故慰霊地蔵

俊教寺

★　釣鐘堂・大谷考慈御門主様お接待・洋子のお稚児さん　★

池田の真宗本願寺派は俊教寺と云い、母は信仰厚く俊教寺の第二門徒であった。第一の門徒は北金物屋さんで釣鐘堂の寄進の時も母は門徒総代で二番目に釣鐘を突いた。母は其の為に黒羽二重の紋付を新調した程で、街中のおねりには寺のお嬢さんの着付けまでしていた。また俊教寺の若様には幾日か親鸞聖人報賛歌を家迄教えに来て頂いた事もあった。

後日私が大谷を卒業した年の夏、滋賀県※木辺《きべ》金織寺《きんしょくじ》管長孝慈《こうじ》門主（浄土真宗本願寺派の第22世宗主大谷光瑞《こうずい》門主の弟君）をお迎えした折、私はお寺の、座敷で夕食と朝食のお給仕を二度お勤めした。立派な御体格の管長様は和洋食とも、随分と上手に沢山お召し上がりになり、機嫌よくお

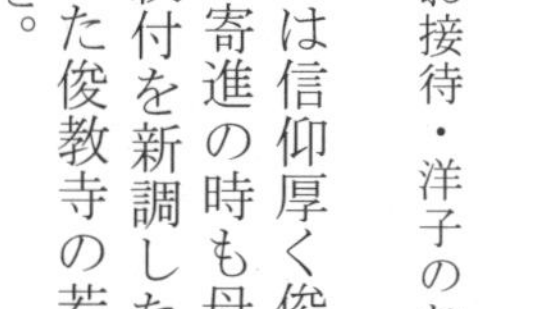
俊教寺本堂

話もされた。牛乳の美味しさや朝の清々しさをお褒めになられた。私は近くの牧場の牛を指さしお答えしたものだ。

　戦後、俊教寺が寄付金も多く集まり、新しく建立された時は洋子をお稚児さんに出したが、その冠が傾いていたのを、若御院主《ごいんじゅ》様がそっと直して下さったが其の時の光景を、洋子は今でも覚えている様である。また若様には止若へ転居してからも月一回父、仙右衛門の命日の六日には、池田から馬にのって、お経を上げに来てくださった。

洋子のお稚児さん

内地への帰郷仕度

★　仏壇・手作り衣服　★

　お仏壇は父上が大阪の元次郎兄と、同一のを彦根で別誂えされて贈って頂いたが、池田の火災の時二度も私が何より先にお位牌を背負い、隣の方に手伝ってもらい、お仏壇を上下に離して家からお出ししようとしたが、火災が下火となり中止した事があった。

　其の大事なお仏壇をお寺にお渡しする事になった。国許にはなお大きな仏壇が有るからである。

お寺からも進められ五百円で手放す事になった。受け取りの馬車が来た。

　いよいよお仏壇が家から出され様とする時、母は万感せまって泣き崩れた。そしてお別れを惜しみ拝んだ。成り行きとはいえ母には悲しい思いをさせたものだ。

　でも仏様は引揚げの時、洋子に背負わせて国許に持ち帰り、阿弥陀様は博道のお仏壇に安置し、お脇掛けは此の家の右横にお掛けしてある。

　止若の家でも家具や道具類を処分して買って貰った。何でも売れる物不足の時代であった。

北海道より持ち帰った御脇掛け

お金を集めて国許へ三万円の内二万五千円だけ、払うように中村様に頼むのは、帰国後の私の役と成った。

主人は未だ貨車の融通が、出来ないので皆と一緒に帰れない。混乱の中の長い長い道中は、女二人子供五人の帰国となるのである。

服装も戦時中とは変わって来たが、ろくでも無い品物を買う事はしない、いや出来ない。ある物を再生さすばかりである。博道、実の服は国防色から黒の詰襟学生服に替えているので以前から用意していた物や背広を直して間に合わせた。背広を学生服にした苦労は相当な物である。

秀雄はコールテン服が有ったので間に合う。洋子はビロードのドレスにブルマ姿、その色が紺のビロードであったので赤色に染め直す。

信義は白の厚地に、純毛の本ネル腰巻用の布が有ったので上着とズボンが出来、帽子は白と緑のサージでつば帽子を作ったが、靴はフェルト帽子の赤で作った。母は事務服に黒セルのモンペ、私は人絹であったが残しておいた紺のビロードで、上着とモンペ、国へ帰る仕度は出来た。

貨車に積み込む木箱

貨物は一両頼んであったが何時送られるか全く解らない。一ヶ月ほど後だと言う。母、私、子供五人が十月二十五日に出発と決まった。学用品と食料を持ち規定量の手荷物だけである。

後で貨車で送られる荷物には号数を付け、其の木箱の中の品をいちいち記載した控えを残しておく。板や木は必要なだけ頂けるし、主人は箱作り荷物作りに懸命である。

役場　学校と手続きが大変である。博道と実は彦根旧制中学へ秀雄と洋子は豊郷小学校へ転校する事になる。そして主人は貨車が融通出来る迄、寒さに向かう一ヶ月間を木箱や荷物に埋もれて過ごされる事になった。

別れと苦難の旅路

★DDT・函館本線・青函連絡船・　爆撃跡の青森駅と長くて辛い北陸線　★

昭和二十一年十月二十五日晴れた晩秋の正午であった。新田ベニヤの方々や池田からわざわざ来られた人達もあり、先に汽車に乗って座席を取っておいて下さったのである。七人の苦難の旅立ちの時が遂に来た。　見送りは大勢おられたが、私は大西金松さんの手を振られた赤いお顔が今でも忘れられない。あの方は奥さんと娘さんを戦後に亡くされ、母がお世話したり、池田から今の社宅に一緒に来られた隣人であるせいか、今だに年賀状の交換を続けている。

遂に乗ってしまった。人も土地も只離れるばかりである。おそらくもう二度と会えないであろう。さようなら、さようなら、さようなら涙が溢れて止まらない。

釧路線幕別駅Ｓ30年代

汽車は次第に混んで来る。でもお陰で五人が一座席（母、私、秀雄、洋子、信義）通路を隔てて博道と實が座る。見渡すと子供連れは全くない。廻りは全て、大人達だけの必死の乗車なのである。　五人座っていた中へ二人が肘掛の処にどんと腰掛けられる。通路にも座る。もう子供達におやつを出す事は出来ない。

信義のオムツはやっと替えても濡れたのは防水袋に入れ、うんちは新聞紙（大切）に包んで窓から捨てる。此の子を頼みますと洋子を抱き上げて、何人もの人のリレーでトイレへ行かせる。だからあまり飲まない、食べない事になる。どれほど函館を待った事か…　ようやく着いた。（幕別から函館まで丸一日掛かった）　ホッとして外の空気を吸うが良い匂いでは無かった。磯の香りでも無く、どろどろに大地の汚れ腐った臭気がする。しかし烏賊を焼く匂いにはたまらない程の食欲をそそるが、家から用意して来たものを食べないと痛んでしまう。

信義は駅の階段を下りたり、上がったりで手を繋がせない。一人で下りると云うので摑まえて乗船の場所に行くのに閉口した。又負んぶされるのを嫌がるのである。DDTの粉を散布されなければならない。頭の毛の中、首筋から背中へそして衣類全身へと撒かれ手の甲に赤い判を捺され、まるで家畜並だ。DDTの粉でもうもう咳、クシャミの苦しみである。

待たされて、待たされて、待たされて、並んで、並んで、並んで幾時間か…とにかく何時出るかも解らない、気が遠くなる程長い時間が立つた。いよいよ乗船である。一、二等はブリッジから真っ直ぐ船室へ入れるが、三等は下へ降りていって薄暗い船底である。ああ…何という事か、戦前に女学校の修学旅行で見学した時の船の姿は無く、古い汚れた連絡船になったものだ。一度船室に降りて荷物を母に頼み子供達と甲板に上る。

船が今出る、銅鑼《どら》が報せている函館を離れる時は北海道を去ることである。

◎　生涯にかかる嘆きは更になし　島紫に薄れ行くとき
◎　望みなく行手は暗き船路かな　津軽の海は我を招けり
◎　敗戦の嘆き身にしむ船底に別れの涙　とどむすべなし

船室は四角く、六畳間ずつ程に仕切られている。りんごを売る女の人から買って皆に分けた。泣いて泣いて目も赤く顔も、ぐしゃぐしゃだろうが薄暗いので解かるまい。疲れて皆眠ったらしい。昼頃に函館に着き四時頃乗船したのに青森は夜中に上陸である。

又荷物を背負って駅の待合室へ行くが、青森の駅は爆撃にあって惨憺《さんたん》たるもので、吹きさらしのホームや待合室は寒くしかも夜半である。ベンチは塞がっているので、ホームの床に新聞と毛

函館港連絡船乗り場

布を敷いて、皆寄り添い座ったが寒くて足も腰も痛くなる。やっと待合室の板のベンチが空いたので座ろうとしたら、ベンチで長くなって寝ていた人が、小便をしたらしく辺りは濡れて悪臭ふんぷんである。

皆ぐったりと寝ている。気が抜けて茫然《ぼうぜん》としている人、又は悲しみに打ち沈む人達ばかりである。其のうち沈んだ悲しみを慰めるかの如くギターを弾く老人がいる。何の曲か訴えるが如く弾いている。彼は此の敗戦の駅におられる皆さんを慰める為にギターを弾くのだと言っている。

此の人も気が変になった人なのだろうか、朝を待つまでの間のせつない時間であったが、やはり慰められたので忘れられない人であった。

朝六人分のリュックやバックを固めて置いたのに一個足りない。博道の小型のボストンバックに大事なアルマイトの弁当箱等が入っていたのである。かためて置いていたのだから探しても仕方がない、油断は出来ない。

お米を二升持って来たが、お握りと交換するには時間が掛かるし、とうとう気の良さそうなおじさんに売る事にしたが、さあ幾らであったか忘れましたと言うか余り思い出したくない。

便所もろくに無い青森駅を誰が想像出来ようか。東京廻りは込むので裏日本廻りで帰るのである。

信義を負んぶすればむずかり出す。二列並びだから相手にもなれるし、おやつも与える事も出来るが長時間立っているので、降りたいと言うが降ろしたら離れるので降ろせない。

朝もなかなか汽車は出ないので、早くから並ばなければ順次先に乗ることは出来ない。ようやく早くから並んでいた甲斐があって全員座れた。北陸廻りの列車は未だぼろぼろで、シートは破れかぶれである。東北の日本海側をおんぼろ列車は超満員でよたよたと走るのである。

秋田へ来るとお米を担いだ男が乗り込んで来て北海道よりも混んで来た。通路、肘掛は勿論、座席の下に潜り込み寝る者、また勝手に網棚の荷物を整理して、ハンモック代わりにして寝る者も居るので、危なくて下に座っておられたものでない。

闇米《やみごめ》も天下御免で横行し誰も咎《とが》める者はいない。山形、新潟、各駅止まりの夜行列車はとにもかくにも遅くて長かった。明けて日本海を見るよりも、北陸線の最大の難所として知られている両側に断崖と荒波が迫る親不知を、無事に通過する事を祈る気持ちで一杯だった。

★ 米原駅乗り換え・豊郷駅 ★

もう今夜は滋賀県に着ける。良く此処まで来たと思った時、福井の手前で博道の気分が悪くなり顔色も悪く元気が無い。網棚に上げていたリュックをやっと下ろし、米軍配給のパイナップルの鑵《かん》を開けて、辺りに遠慮せず食べさせた所、次第に回復してほっとした。長男と云う立場で一生懸命気を使っていた事であろう。

米原は未だか、未だかで待ちかねる。青森駅で各自の水筒にお湯を分けて貰い大切に下げている。引揚げに備え、池田の菓子屋さんから、営業用の南部センベイ焼きの道具を借りて、せんべいを作っておいた。其れを二枚三枚と乾パン代りに、お湯を飲みながら食べた後、青森の闇で買った林檎を食べる。南部せんべいは塩味、砂糖味の自家製で澱粉《でんぷん》を使い、軽い軽いのを焼き、丸く長い鑵《かん》二個を、母が背負っていて呉れた。

米原が近づいて来たので、降りる準備に荷物を纏《まと》め個数を減らす。降りる時は誰でもそうするが、窓の上を逆に持ち後ろ向きに足から出るのである。女子供に出来そうに無くても皆がする事

S20年代の米原駅ホーム

は、しなければならない。荷物は持って出せないので、傍に立っている大阪行きのおじさんに荷物を降ろして貰う様に頼み、お煎餅《せんべい》をお上げした。六人分の席が一気に空くので、周りの人は喜んでいる。

北陸本線は、やっと東海道本線に合流した。すわ七分間の間に降りるのだが、博道が先に降りて実、秀雄、洋子とホームで抱き受ける。母は太っていて可愛そうに大変である。中から押し、外から引っ張り抱え、何とか無事降りる。次は信義を抱いて渡し、私が無我夢中で降りる。両足が滋賀県の土を踏んだのである。

次は荷物をぽんぽんと投げられ受け止める。荷物だけでも一山の塊である。ほぼ七分程経ってやっと終わり発車である。　寸秒を急ぐ必死の下車であった。苦しかったが此処まで運んでくれた列車、其れに共に苦しみ合った車中の人達、世話に成った知らない人達に手を振り振り別れの礼をした。

各自のリュックを背負い近江線へと乗り換える。又時間待ちが長く秋の釣瓶《つるべ》落としで暗くなって来る。米原発なので座れるし荷物も網棚に乗せたが、次第に混み合い豊郷駅は何処か一向に解からない。　駅も暗く車中も暗く人が前に立つ。「豊郷は、豊郷は？」と人に聞くけど、「まだや、まだや」では困ってしまう。荷物が多いからである。次が豊郷と解り、降りる支度をする。七人連れは纏《まと》めるのに大変である。「とよさとー、とよさとー」　遂に着いた。私にとって永住の地となるのである。

※（豊郷は当時人口3，500人程の小さな農村であった。琵琶湖の東部に位置し日野・近江八幡・五箇荘に次いで近江商人の輩出地であった。丸紅、伊藤忠の伊藤忠兵衛、豊郷小学校を寄付した古川鉄次郎、明治の大富豪で木綿王と言われた薩摩治平衛等が特に知られている）

ぞろぞろと一隊が暗い道を変電所の灯りを目指して八町へ向かう。母が道と家を知っていた。もう九時を過ぎていて静まり返った暗い村、門は閉ざされていた。どんどん、どんどん、どどん、と強く叩いて北海道から帰ってきましたと呼びかける。

ご飯が残っていてお茶付けが美味しかった。お風呂も湧いていたので長旅の汚れを落とす。御先祖様、老母の住んでおられる此の大きな家へ遂に帰って来たのだ。

二階で床を並べて寝《や》すむ。四日振りに足を伸ばして寝すむのである。明日からどうして行こうか。デン、デン、デデン、チョン、チョン、チョチョンと夜回りの音がする。田舎だなあと言うのが始めての感じである。

主人は如何《どう》しておられるかと気になる。階下のおいえの部屋には東出の糸姉様が結核で此の家に帰って来ておられるのは聞いていなかったが、子供達に感染の恐れも在るので忠蔵屋敷に移られたが、老母の介護の甲斐も無く暫くして亡くなられた。

S10年代の豊郷駅

翌朝から稲刈りが始まって老母と母は鎌を持って田んぼへ出掛けた。日雇いの加藤彦兵衛さんも来る。そらお茶、そら弁当とびっくりの忙《せわ》しさとなった。私は先ず南新家（主人の叔父青山末吉宅）へ挨拶により宮西の堤家に居られる中村海造兄、ふさ姉に挨拶をしに行き、海造兄に大阪の上嶋宅へ払うお金三万円の所を二万五千円にまけて貰う事を御願いする。

この方は大したお金持ちと聞くのに、なんでもっと老母を助けては呉れなかったのかなあと思った。金銭は別問題なのである。

上嶋家とは、この様ないきさつがあったが、その後もお付き合いは続き、上嶋さんのお世話で長女の洋子は大阪の田中家に嫁ぎ、姪の山本博子さん、さらに、田中家の次男の縁談を纏める等大変お世話に成った次第で、人との縁を大切にする事の大事さを、改めて感じたものだ。

午後信義を負んぶして移動証明書を持って、役場へ手続きに行き豊郷の住人になる。其の時の手続きの係りは八町の村西与一郎さんと家に帰り解った。

★　転入学　・　農作業　★

三十日は博道と實を連れ、彦根東中学校へ転校入学の手続きに出向く、其の当時も彦根東中学はレベルが高く、高学年に転入する者は試験の結果により一年落ちると、始めから聞いていたが案の定、博道は三年となった。無理も無かった。彦中は戦時中でも、援農も無く勉学を続けていたが北海道では援農で、殆ど勉強らしい事は出来なかったのである。實は其のまま二年に、転入学と決まった。

持って来た教科書は少しも間に合わず、本屋を探したり頼んだりしたが十一月の時期外れではあろうはずは無い。古い本を借りたり、写させてもらったり随分苦労した様である。転校は不幸な事と私は経験から、良く解かっていたが、子供達には、同じ苦労をさせてしまった。

次の日は信義を負んぶして秀雄、洋子を連れて豊郷小学校へ転入学の手続きをする。三年生の秀雄は旭川から来られたと云う、若い女の先生が受け持ちであった。北海道と聞き懐かしく思ったが固い感じの人であった。

洋子は二年へ、受け持ちは赤田利子先生、この先生は私の様子を御存知らしいが、私は知らなかった。後で聞くと八町の常禅寺さんの奥さんであった。洋子を連れて教室へ入って行くと一斉に振り向いた子供達の顔が、一様で無くどきっとした。其れと黒板に書かれていた白墨の字の上手であった事を思い出す。

老母が日雇いの彦兵衛さんを、相手に作った田圃は僅か一反で、在所中で一番遅れて取り入れられた。水田で十八町歩有った地主が農地改革で僅か一反となったのである。同じ八町の地主で大方の田地を取られ自殺した人があったと聞いた。敗戦で時代が大きく変わったのだ。

忠造屋敷で、経験の無い籾干し《もみぼ》をしていると、ゆか伯母様が覗いて入ってこられ、「まあー、北海道から帰った早々に馴れぬ事をしていなはるなあ」と、気の毒がって優しい言葉をかけて下さった。ゆか叔母様の東京店「メ青山は戦災で焼かれ、此の八町の南新家に疎開されていた。
※(このゆか伯母は末吉叔父の妻で五個荘村宮荘の旧家高田家より来ておられる)
籾《もみ》干しが出来ると籾摺《もみす》りである。子供達に手伝って貰う為に夜に頼んだが、夜は又よく停電した。もちろん籾摺りの最中でも関係無しである。いらいらと待つ辛さ、蓆《むしろ》・箕《み》もお米の扱いも慣れない私達に、農家の人達は見ていて滑稽に思えた事であろう。

停電の復旧待ちで遅れて籾摺り機械の運転手(定兵衛さん)の慰労の食事は九時十分頃になり、有りもしない材料の持て成しでお酒を出す。籾摺りの運転手はこの時代大威張りであった。

来年はもう二反戻って来るとかで三反百姓に成なるそうだ。

当時東洋一と言われた　豊郷小学校

★　運動会　・　主人と荷物が無事到着　★

小学校へ転校した直後の十一月三日は新憲法発布記念日・男女同権・主権在民と日本が生まれ変わる日で、豊郷小学校でも其れを記念して小運動会が行われた。

北海道から小荷物が届き衣類は一寸間に合っていた。老母の乳母車に敷物、お弁当と信義を乗せて母と共に田圃道から小学校目指して行った。

私は大島の対のモンペ姿なのに、他の人達はしゃんと帯を締めていた。自分の服装と比べて世間が平和に戻った感じを受けた。児童は白の運動シャツ、パンツだが、秀雄と洋子は其の支度が無い。秀雄はセーター、コール天のズボンで走った。洋子は手作りの緑の上着と下着、ズボン（モンペ式裾ロゴム絞り）を着せたままであったが、上着を脱ぎ赤いジャケツに緑のズボンを履いて走っていた。大勢の白の中で真っ赤なジャケツと緑のズボンの子は、ずば抜けて早く走り賞を貰っていた。遊戯も未だ覚えられず、遅れたり戸惑ったりしながら一生懸命、混じってお遊戯をしていた。あの色の鮮やかさは忘れ得ぬものとなった。

又十二月一日に十センチ程の雪が降ったが、北海道からの貨車が未だ着かず、登校する時の子供達の長靴がなくて秀雄が先に歩いてズック靴を濡らしながら雪を踏み固め、その跡を洋子が歩いて学校へ行った事を思い出す。

老母が丹精込めて収穫した南瓜《かぼちゃ》が、三十数個、土間の梁《はり》にぶら下がっていて、其れを降ろして食べるのだが北海道と比べると、とても不味《まず》いのである。お惣菜が無く毎日南瓜のおかずなので全く閉口する。実が上皮を残すと老母に勿体ないとたしなめられる。食べ物は戦時中よりも此の一ヶ月が一番淋しかったと記憶する。

一ヶ月余り待って待って十二月三日、主人と貨車が着いた。其の嬉しかった事は云う迄も無い。味噌、うどん、鰊の糠漬け、烏賊の塩辛、干物、小麦粉、澱粉、豆類、馬鈴薯、炭、ベニヤ板、衣類、ガンビの皮（焚き付け用）等、貨車一杯に積まれていた引越し荷物が無事に着いたのだ。四方山話は尽きず又北海道のお惣菜は美味しかった。主人はよく一ヶ月あまり耐えて魚を買い集め加工したりして皆の喜ぶ顔を見たかったのであろう。

★　学区制・生活苦　闇米・　★

一人暮らしの青山家が九人家族となる。食料は当分有っても薪《たきぎ》三年分が一ヶ月で無くなったと老母に溢《こぼ》され、母は田や道に落ちている、木、枝まで拾って乳母車に入れて持って帰った。

初めての滋賀県の冬は意外と寒く、母は三畳足らずの板の間に、掘り炬燵《ごたつ》を作りテーブルを置き夜になると皆が其の部屋に集まった。北海道を思い出す事しきりで、かまどの煙が目にしみると北海道を思い出し、泣いては目を擦《こす》っていたものだ。始めての正月はトランプや花札で遊び碁石《ごいし》を賭けて楽しんでいたが、五人の子供の成長のみが望まれる日々であった。

彦根中学にやっと落ち着いたと思ったら、今度は国の高校三原則※に沿って「小学区制」になり豊郷村の生徒は愛知高校に編入され元女学校が男女共学となる。同じ村内の生徒の中には住民登録までして彦根東高校に留まった生徒もいたが、うちとしてはその手立ても無く愛知高校に転校していった。

※（S22年から教育基本法と学校教育法が公布され小学区制、男女共学、総合性に沿った新制高等学校の設置が進められ、義務教育が年間延長され六　三制と成る）

生活の方は二人を彦根中学へ通わせ、大きな家や屋敷の維持、大家族の生活と相まって二人の小遣いは乏しい事に成る。

博道は先輩で肥田の滝川と言う予科練帰りの友人に誘われて、京都に闇米を運ぶ事になった。一度運ぶと（一斗）三百円の利があると言う。朝速く出掛け京都で処分してトンボ帰りで戻り其のまま学校へ行くと言う際《きわ》どい芸当をしていた。

駅で見つからない事を祈りつつ、其れを止める事も其の頃の私達には出来なかったのである。博道はその利金でギターを買ったり、實を連れて甲子園の高校野球の見物に連れて行ったり、小遣いを与えたりしていた。

十月頃か「母さん一度行こうか…」と言う。私も用があり連れて行って貰う事になった。二人で一斗五升程持って出掛けた。私はセルの着物姿でカバンに米と白羽二重の生地を一反入れていた。豊郷の踏み切り前で「母さん洋子の着物でも買ってやらないかい」と言う、未だ必要でもない妹にも気を使っていたのだ。

京都駅でこわごわで改札を通り、駅前のゴタゴタした汚い路地を曲がり曲がり、一軒の入り口の板の間に米を下ろすと、中年のおばさんが出てきて慣れた様子で取引きは終わった。其の足で駅前の丸物百貨店へ行く。私は持って来た白羽二重の生地を染めて貰う事にした。ようやく迷って迷って選んだ柄は梅の小模様であった。其れは羽織として今でも愛用している。他に食料、お菓子、子供達の土産を買い込んで、家族の待つ家に無事に帰れてホッとしたものである。

★　長島猪馬治さん　★

此処で、本書に於いて、たびたび登場する池田の長島猪馬治さんの事について語らねばならない。

長島さん一家は徳島県の出身で明治三十五年に、入植された。（この時、猪馬治さん九歳）当時の事なので、鉄道もなく小さな帆船で十勝川河口の大津港に上陸。其処から十勝川沿いに約八里を遡り池田の川合村に開拓の鍬を打ち下ろされた。

肥沃な十勝平野ではあるが、開拓は苦難の連続であった様である。夏の冷害に泣かされ、折角育っても収穫の頃には十勝川やその支流の氾濫で多くの田畑が流された。

特に私の少女時代の大正十一年の台風による洪水は特に良く覚えている。家や馬が街中近くまで流されて来たのを恐怖の中で見ていた。この時は千代田から利別そして池田の街中が濁流に呑まれ、河口の大津まで冠水したのである。

猪馬治さん

妻ユリエさん

それ以降本格的な川の改修が始まったのだが、其の後も洪水との戦いは続き、中には耐え切れず離農された農家も有った程である。その様な中、長島一族はお互い助け合いながら、その厳しい試練に挫けず、今日の基礎を築かれのである。

其の厳しい試練を乗り越えられた猪馬治さんは、無口で性格もとても温厚な方で、子供達にも声を荒げたり、ましてや手を挙げる等と言う事もされない方であった。

猪馬治さんの妻ユリエさんから聞いた面白い話が二、三ある。

仕事で、この川合から池田の町まで「四キロ以上」徒歩で一日何往復もするのを見かねた家族が、自転車に乗せようと子供二、三人で自転車を支えながらの練習を試みたが、何度やっても旨くいかず、結局歩いた方が早いと諦めてしまい、一生乗れずじまいだったそうで、どちらかと言えば、そう器用ではなかったようだ。

ところが、息子の冨吉さんは猪馬治さんに似ずとても器用で、なんと自分でバイオリンを作ったりも出来た。ある日仕事もせずに、上手にバイオリンを弾いて遊んでいた処、それを見かねた猪馬治さんは、「こんなもんで飯が食えるかぁ！」と激怒して大切なバイオリンを叩き壊し、ストーブで燃やしてしまったのだそうだ。

この方らしい話がもう一つある。田舎でテレビが未だ普及していない頃、冨吉さんは新しい物好きで、何処よりも早く購入し（電気屋に借りたと口裏を合せて）猪馬治さんの留守中に設置工事を依頼した。その屋根へ上ってのアンテナ工事のさ中、おり悪く猪馬治さんが帰宅され其れを見るなり「お前ら、そんな所で何をしとる、そんな物、取り外してしまえ」と一喝して梯子を外したそうである。

しかし根は優しい方なので最後は、そうも行かずテレビ画面に映像が映るとバツ悪そうに、にこにこ笑って見入って居られたそうであるが、家族が猪馬治さんの怒ったのを見たのは此の二回限りだった様である。とにかく猪馬治さんは、理屈を並べずに、こつこつ根気良く働く事が信条の実直な方であった。

猪馬治さんは明治から昭和にいたる激動の時代、どんなに苦しくとも心豊かにをモットーに、必死に家族を守りながらも地域の為に貢献、指導的な役割を果たし尊敬された。　其の身を持っての生き様は息子の冨吉さんを経て、代々引き継がれていく事であろう。

長島さんは戦後に滋賀に来県され私宅にお泊り戴いたが、遠い北の国から来て下さった時の嬉しかった事も忘れられない出来事であった。その折には家にある柿右衛門の飯茶碗を十客買って頂いた事が有った。

◎　「海陸の旅路はるばる訪ねきし　寒き国人　心あたたか」（9.21長島様来宅）

※（猪馬治さんは其の後、開町七十周年記念式典の折　農林畜産の振興、および農業団体の運営に尽力した功績顕著者に対しての特別表彰を受けておられる。）

★学校のイナゴ取り　子供達の手伝い　★

秀雄や洋子が学校から帰ると田圃へ行って蝗《いなご》とりをした。二百匹から三百匹捕まえて学校に持って行く。ひとクラス五十人くらいで競い、イナゴの収穫は一万匹を越す程となり之らは味噌汁の蛋白源となる。学校からの宿題でもあり、稲の害虫退治にもなるので農家も非農家の子も競って捕獲しなければならなかった。友達の家では筵《むしろ》に蒸したイナゴが干してあった。おやつや佃煮となる様である。

また学校では乾パンと金平糖《こんぺいとう》の配給があり、乾パン二個と金平糖三個を学校で食べて、残りは家族と食べる様にと言われたそうだ。其の当時の学校の校訓は（根気・本気・元気）であった。

万事不慣れな農作業では、私たちが疲労困憊《こんぱい》しているのを見かねて、子供達が助けてくれた。田植え、刈り入れ、また学校へ行く前に籾干し、初夏は茶摘《ちゃつみ》であるが家族中で二日はかかる。家事では手押しポンプで水をバケツに入れ八m程離れた風呂に入れたり、大きな家の廊下や板の間の雑巾がけと庭の掃除等は秀雄と洋子の担当であった。

台風シーズンに成ると、お寺の「ぎんなん」が沢山落ちる。大きい銀杏《いちょう》の、周りで皆が我先に拾うのである。夜明け前に主人が洋子を起こし提灯の灯りでぎんなんを拾いに行ったが、先に採られて一つも無かった時があり、翌朝もう一時間早く起きて拾いに行った事があった。可哀相にさぞかし眠たかったであろう。本当にこの時代の子供達は良く家の用事を手伝っていたものである。

★　天皇陛下御行幸《ぎょうこう》　・　老母他界　★

昭和二十二年広島より始まった天皇陛下の行幸《ぎょうこう》は昭和二十六年十一月十五日、当地豊郷村の中山道を行幸された。敗戦下の茫然自失《ぼうぜんじしつ》の国民を何とか助けよう、悲しみと苦しみを少しでも和らげようと陛下は　御心を砕かれた。国民はその御心によって励まされ、助けられた。　生きていく魂の拠《よ》り所を示して戴いたのである。

その人間天皇を沿道にずらりと並んだ生徒達や村民こぞって歓迎申し上げる。日の丸の旗を振りながら、一斉に万歳の声が沸き起こる中を、陛下は帽子を振りながらお車でお通りになられた。お年寄りの中には頭《こうべ》を下げている間、お姿を見ないまま通り過ぎられたと残念がっていたが、村民一同は本当に喜び感激したものである。

彦根においでになった陛下

◎　大君を迎え祭れば里人は　野良着を捨てて　道に並びぬ

昭和三十三年四月六日、老母いくは享年八十四歳で他界された。老母の元気な時は豊郷村の日本赤十字、愛国婦人会、仏教婦人会などの要職を務め、多忙な中にも、各地のお寺に聴聞に行ったり専門的で難解な仏教書を読んだりと充実した日々を過ごしておられた。

※（其の知識は驚きで普通の僧侶はたじたじで、煙たがられていた様だ）

しかし昭和十二年、夫の仙右衛門亡きあとに、三人の子供にも相次いで先立たれた上、農地改革で辛酸《しんさん》を味わい、青山家全盛時代から一転して当時と比べるべくも無い程、苦労の連続であった。

老母いくは堀家の長女として厳しく育てられ、青山家に嫁してからは七人の子供を育て上げ、出入りの男子衆《おとこし》、女子衆《おなごし》を采配していたせいか気性も強い人であった。私には家風やしきたりを教え様として厳しくされたが、老母の妹に当る母のかずが、居てくれたので、精神的にはかなり救われたものだ。

★　S30年代～S50年代　★

昭和二十一年十月二十九日に此の近江の地に住み着いてより三十四年になる。北海道で過ごした日々より此の地で過ごす方が長い事になる。未だ生きて居られそうである。

幾多の病気を経て死線を彷徨《さまよ》った事も在る。寿命とは云い乍らも肉親と、医療と、そして神仏のお陰であろう。実に有難い事である。

祖先の田地を売って博道に千葉船橋市に建売住宅が求められた。住まいの準備の為私は一ヶ月行っていた。毎日　家具、道具、を買いに歩いて調えたりして過ごした忙しさと楽しさは忘れられない。新所帯を味わった様なものである。

実も新築の家を持った。国許からの手伝いが有ったとは言え、十余年の蓄財によるものである。

青山いくの仏教書

博道の家も実の家も田圃や畑地に近い所であったが二十年後の現在土地の高騰振りは驚く他は無いのである。都心から半時間位の所に一軒家を持たせられた事に喜び一杯である。

◎　混乱と欠乏の中に育ちきし子等なれどすくすく恵み受けたる

子は家を得て結婚し独立し、そして別れて行った。家を継いでくれると思っていた秀雄も和子という良き伴侶を見つけ核家族となって分裂して行った。

洋子は二人の兄より先に大阪の田中家に縁付き、九人家族は母と共に四人となり現在は自動車部品の加工業を主人と共に懸命に励みに続けて、もう二十年になろうとしている。田圃《たんぼ》を人に頼み本職となって忙しい日々である。

八十五歳の母が中風となり三年目に亡くなった。私が先に死んでは成らない。母を送ってから…と言うのが先ず何とか出来たのが孝行であろうか。

母には随分世話に成ったが中風は本人には大変気の毒なものである。中風になりたくない此れは老人全員の願いだけに悲しい病気である。母を送ってから八年間の三人暮しに、やっと終止符を打って五十一年十月に常子を嫁に迎えた。やれやれで、嬉しい事で家は賑やかになり楽しく、余暇を得て神社仏閣等の古刹《こさつ》を巡るなど日帰りの家族旅行を楽しんでいる。

結婚五十年（S53年）には初めて主人と信濃地善光寺参りの二泊三日の旅行を子等が祝ってくれた。私達としては大変なもので、始めてのそして終わりの旧婚旅行であった。でももう沢山、家で暮しているのが一番良い、旅行は近い日帰りが一番よい。

本山参り、西大谷本廟《ほんびょう》参り、清水寺、嵐山、天橋立、三方五湖、越前海岸、永平寺、興福寺、長谷寺、明日香の里、高野山、富士山、と数多い思い出を残してくれる。眼に浮かぶ様々の美しく楽しい思い出を、私はどう伝え表し残す事が出来るのか。此れらの思い出を持ったまま記憶を失うか、死によって消滅するか、どっちを取っても何時までも持つことは出来ないのである。惜しくて惜しくて勿体ない思い出である。


私も古希を迎え、昔の友達が忘れられず交信を始めてからは、孤独の感じが無く心温かい繋がりが出来たが、何時お互い其の繋がりも切れるや解らず、危ない命となったものである。

一年一年弱って行く。あれもしたい此れもしたいが、もう体力も時間も無い、お習字だけを練習して二年余り、もっと上達してと欲張っても、もう遅い限度が来ている腕が疲れて筆も運ばない。

◎　友達のいまだ生ある人尋ね　文交《ふみか》わしたし命あるうち

西大谷本廟　親族　五家の墓

紙人形の材料ばかり寄せても作る気力が湧かない。版画の手本帳を買ったが未だ其の機会を得ない。此の長い記録を終わってからと、思うだけで此の終点も未だに解らない。

今年の夏は凌ぎ易い夏であった。晴れ間を狙って長年念願の座布団の綿打ちを仕上げた。

私の気にしていた始末の一つなのである。中年の梅を三斗二升　梅干にした。やはり土用　汗が目に沁《し》み痛みを今年も味わう。今年も出来たと其の辛さを喜びとしている。

まとめ

阿弥陀様のお助けを得なければ、御浄土に参ることは出来ないと知りつつ、さりとて教えを受けにお寺参りをしょうとか、もっと仏教の本を読んで悦びたいと云う自分でもない。

よその方達は悦び方も激しいが、私はさっぱり有り難いお言葉を覚えられず意味も解らない。しかし阿弥陀様は其の厚かましくも、身勝手な私を決してお見捨てにはならないと信じて、安らぎの老後を暮らさせて戴いているのである。

「別れ」それは生きている以上、仕方が無いものである。その別れの辛さ、死後の不安を和らげる事が出来るのは御教え、信心なのであろう。

「御教え」「信心」　其の一番大切な心の準備を棚上げにして置いて、身辺の整理として何かを残して置きたいと思う。字の跡を幾冊か残し、若い時から最近まで作った短歌を整理して一冊に纏《まと》め、さらに私の偽り無き人生の一部分をさらけ出している。私の幼児時代を知る人は、私以外に最早無いのである。

其処で生い立ちから幼児、少女、成人、老境と生涯の記憶を辿《たど》って見た。そしてそれらを辿った過程に於いて、長年の記憶より見てきたもの、聞いたもの、知ったもの、即ち私の取り入れたものが、この世から消えて行くのは堪らなく惜しいと改めて思う。幾十年もの記憶が私と共に消えて行く、誰も知らない記憶がである。

人に与えるより受けた愛、幼い時の遠い記憶、故郷の自然、戦争の苦しみ、病気の苦痛、育児の苦楽、老境にまで生きて走って過ぎ去った人生、もしボケれば忘れてしまい、死んだら消え去って仕舞うであろう。この記録がいずれの日か誰かの目に留まり、読んでくれる者が居るか居ないは別として、ただ書いた丈の事に成るかもしれない。

そう思いながらも此処まで書けた事によくやった。やれやれの感がある。嫁の常子が居てくれるお陰と、いく度かの死線を乗り越えながらも、此の時間を得られた全てのものに有難く感謝している次第である。

今日は、帯広の花田みつさんに梅干を送りお手紙を書こう。折角結んだ昔友達の友情を、文を書ける間は大切にして行きたいと思っている。

一応此処までで筆を止める事にして、又折にふれ何か私の心持を綴ればと思う。つたないながらも、私の人生を大急ぎで駆けて行った文の集まりであった。

◎　行く雲の如く我が身をゆだねなん、　遮《さえぎ》るものなく流るるままに

◎　遠き日の記憶つづれば窓近く、　鶯《うぐいす》鳴《な》きて古希をつげゆく

◎　嬉しき時　寂しさ悲しさ幾十年　支えとなりし歌は我が友

昭和五十五年八月二十七日　　青山江み　六十九歳

つづら折り歌集前編より抜粋　瑞穂

1. 春告ぐる鳥の初音に　閉ざされし　心の窓も開きゆくなり

2. 育《はぐく》みの翼はなれて旅立ちし　我が子思いつ早も一年《ひととせ》（長男東京就職）

3. つばくろは来たれど待てる便りなし　我が故郷は北の果て国　（望郷）

4. 三味太鼓笛の囃子《はやし》の賑《にぎ》わしく　北の故郷祭りたけなわ　（望郷・新田の森）

5. 佐保姫《さほひめ》の訪れと聞く春なるに　あまりに荒き今朝の春雷

6. 歩みきし道は遥《はる》けき四十年　恋しと呼べど返るすべなき　（昭和25年）

7. 秋空にそびゆる梢に甲高《かんだか》き　叫びをあげて百舌《もず》は啼きたり

8. 秋雨の冷え冷えと降る日はもの憂《う》くて　床に入りつつ人思いけり　（病床）

9. 秋雨に滴る木犀《もくせい》手折り来て　瓶に挿し居る夫《つま》の情けよ　（病床）

10. 生か死の境さまよう我なれば　雷《いかづち》響けど恐る事なし　（病床にて）

11. 成す事のあれど運ばぬもどかしさ　眼《まなこ》　閉ずれど安らかならず

12. 不気味なる音が響きて息を飲む　未明の病舎は寂しきものなり（入院）

13. 山に行き野行き　あてなき薬草を　求むる為に夫《つま》はいでゆく（結核療養）

14. 熱ありて苦しき夜もやすらけく　眠りし夜も御名《みな》を唱えて（結核療養）

15. 我がために雪を掃《はら》いて青菜つむ　母はあわれに老いの深まり（結核療養）

16. 夕闇の迫り来れば虫捕らう　ヤモリの影の蠢《うごめ》きはげし（病室）

17. 命のび仏の前に経あぐる　この喜びを君見守りて（腸閉塞手術）

18. 隣室は人気もない隔離舎に雨音聞きつつ　個室に眠る（疑似赤痢隔離病棟）

19. 一匹の蜘蛛《くも》壁添いにはい出でぬ　我と蜘蛛のみ生ける此の室（隔離病棟）

20. 心込め兄の送りし三輪車　うしないし子の痛ましきかな（信義三輪車を盗られる）

21. 風おこし雨呼び寄せて荒れ狂う　自然の猛りに防ぐすべなし（S23. 9. 3ジェーン台風）

22. 台風の過ぎて静寂《しじま》の星空に　すべて動かず　疲れ眠れり（ジェーン台風）

23. 黄昏《たそがれ》の中仙道より御車と　よろこびの声伝え聞こえぬ（戦後の天皇行幸 S26・11. 25）

24. 秋深み稔り豊かな近江路に　御幸《みゆき》の今日ぞ嬉しかりける（戦後の天皇行幸）

25. 詣ぜんと久しき願いも安らぎぬ　青葉目にしむ真如堂の墓（京都父の墓参り S25年）

26. うつうつと迷いて入りし京極に　競いて咲けり京扇子の花（京都京極）

27. 別れゆく出町柳の橋たもと　春を惜しみて手振りあえり（京都北村家）

28. 橋下に人の住まへばとりどりの下着干されし京の横顔（賀茂川の橋下）

29. 大いなる自然の力防がれず　十勝の大地は揺るぎ激しき（S27・3・4 十勝地震）
池田、浦幌震度6

30. よろこびも憂ふる事も思ふまじ、　ただぼんやりと空を見つめぬ

31. ひそやかに卒塔婆《そとば》並べる野の墓に　彼岸の花は紅く燃えたり　（母かず逝去）

32. お念仏の日ごと日ごとに数増せば弱り行く身も亦《また》ありがたき

33. 痛ましく倒れし稲と隣り合う　我がみのり田をひそやかに刈る　（戦後の農作業）

34. 田園に死闘の日々続く秋　脱穀機の音天地を揺るがす　（戦後の農作業）

35. 兄弟《はらから》の互いに抱負語らえば　我が家の窓に朝日差し初《そ》む　（博道、實、秀雄）

36. スタートを必死にかまゆ吾子の見ゆ　息のむ思い胸の高鳴り　（秀雄洋子の運動会）

37. 母の元一夜はなれて奈良の宿　夢の中にも微笑むならん　（子供の奈良旅行）

38. 白銀の原に残せる犬哀れ　兵を捨てたる戦もありしが　（南極観測S35年）

39. み教えの永久《とわ》に栄ゆる甲羅山《こうらさん》　瑞祥《めでたき》寺《みてら》　代々《よよ》に伝えん　（親鸞聖人七百回忌法要）昭和36年

40. 色映ゆる五色の旗のもと歩む　稚児の袂《たもと》に入れよ西風　（親鸞聖人七百回忌法要）

41. 金色の光眩《まばゆ》き本堂に　あふるる人の溢るる法悦《ほうえつ》　（親鸞聖人七百回忌法要）

42. 生涯に一たび結ぶ法縁ぞ　歓喜に満ちて楽の音を聴く　（親鸞聖人七百回忌法要）

43. 剃髪の翁《おきな》おうなの祝い菓子　箱に仲良く頬寄せ並ぶ　（出在家　村林家の伯父、伯母）

44. 若者となりし吾が子と肩並べ　歩めば嬉し身の軽ろやかに　（博道）

45. 何事か悩みあるらし若き子は　あまり語らず疲れと言うなり　（秀雄）

46. 正しきを主張せんとて若若と頬紅潮させて娘は語る　（洋子）

47. 何処より注がるる目を意識して婚期に入れる娘に付き添う　（洋子）

48. 盛り花の青きの中にそと添えぬ息子の胸飾りしカーネーション　（實の母の日プレゼント）
S53年5月24日

49. わが身への受くる事のみ願えども　與《あた》うる事の盡《つく》しがたくて

50. 天佑《てんゆう》か子等の祈りか空晴れて　穂高の峰は空を覆《お》おえり　（金婚旅行、飛騨信濃路）

51. 雪解けの 水を集めて梓川 足つけ怯《ひる》む 若き人あり （金婚旅行、上高地）S53年5月23日

52. 不如帰《ほととぎす》 仏法僧に 鶯《うぐいす》と 別天地なり飛騨の深山《みやま》は （金婚旅行、飛騨信濃路）

53. 手を取りて共に歩みし五十年 子に祝われて信濃路の旅 （金婚旅行、飛騨信濃路）

54. たどたどと戒壇廻《かいだんまわ》りの闇行けば 一条の光見えきてほっと息づく （金婚旅行、善光寺）

55. 若き身を法衣につつめる尼僧《あまそう》の 青き頭と澄めるまなざし （金婚旅行、善光寺）

56. ふところに抱かれし おさなの心地して 明日香の里の緑につつまる （明日香村）

57. 人恋し山又恋しと万葉の 歌人立ちし丘にわれも今立つ （明日香石舞台）

58. 瀬戸や木の乏しき頃の学ボタン 想いも浮かべり桜文様は （お題 桜）

59. 埋もれし歌のいづれば陽の光 まぶしからずや今日の催《もよお》し （S53年文化祭）

60. 如何ほどの余命うくるか老いの日に 積もれる歌の整理を急ぐ。

通信文控え帳

長い人生には色々な人に対して様々な手紙を沢山出している。お祝い、御礼、お願い、断り、謝罪、お見舞いそれにお悔やみと数え切れない種類と数である。何を伝えたいかを整理し、相手の気持ちを第一に考えて文章を書くことに気を使う。たとえ筆は止まっていても絶えず相手の事を考えている。

だれでも、一生懸命、深底より心をこめ、頭を絞り書いた手紙は、思い出すと胸をうつ。納得していただけただろうか、喜んで頂けただろうか、また感動して頂けただろうかと…

しかし、その時はどのように書いたか、大抵は覚えていても文の詳細まで思い出す事はできない。だから今になって送った手紙を控えておいたら……と思うようになってきたのである。既に八十三歳これから手紙自体を何通書く事が出来るやら解らないが、其の控えを残しておこう。

平成五年四月　江美

佐々木活夫様

御地より一ヶ月早く当地は百花繚乱の季節に成って参りましたが、年々歳々花相似たり歳々年々人同じからず。逝った人の偲ばれるのも又春です。

ご書状によりますと兄上世一郎様の奥様にはご逝去なさいました御由、世一郎様には如何程か、お悲しみかと、お悔やみ申し上げます。永年のご病気にてご本人様共々にご苦労であったかと深く御察し申し上げます。誠に世一郎様と私はお隣に住み又同級の友でして、音楽会では独唱する等もありましたが、なにか、はにかみや様、おとなしかったせいで顔を見合せると赤くなられ言葉を交わした事はありませんでした。六年を卒業した時には男女二人、十勝教育委員会より表彰されました時、母は「お向かい同士(其のときは向かい側)ですずり箱をもろうて……」と喜んでいたものです。

径子さんからは清和の同窓会を三年余り続けて送って頂きましたのに、既に亡く御志を忘れてはおりません。与一郎様には教育家の娘様と共にこれからの御余生、なにとぞお大切に送られますよう御念じ申し上げます。またこの度、大谷高女七十年回顧の歩みの新聞紙切抜きを、わざわざご送付いただきまして御志ありがたく御礼申し上げます。

七十年前の事で随分遠い事です。一番楽しく意義のあった女学校時代おぼろげではなく、はっきりと記憶している事を有りがたく思っております。紙上に出てこられる二回生のお友達とは今なお文通をしている方が二三人おられます。その後大谷は如何、変わったかと言うことも色々と関心を持ちますが、なんと言っても創立時の四年間が(私の在校時)意義深いものです。径子様といい今また活夫様よりお知らせを受けるとは全く御縁深い事と存じます。

私ども夫婦晴耕雨読とは参りませんが、その様な状態にて昨日は広い屋敷の草取り今日雨降りは、主人は自営業の息子の工場で老人のできる様な仕事があれば手伝っております。私はただ今御礼のご返事を書いております次第です。　もういつか解らぬ命を出来る限り、大切につとめ喜びの日々を送って居ります。　連休には近くの山へ連れて行って貰って蕨を見つけよう、よもぎを採ろうと老いの心を弾ませております。　どうもどうもご親切に懐かしい記事、皆様ご努力による開校よりの道ほどを幾度と無く読み返し有りがたく御礼申し上げます。　ご夫妻様ご自愛の程お念じ申上げます。

かしこ

四月　佐々木活夫様

佐々木活夫様

数日間牡丹の美しさに目を奪われていましたが、ふともう季節と花畑の鈴蘭の茂みを覗いてみましたら、やはり時期（今年は一週間以上気温が低いので遅い）可愛い小さな鈴を付け、隠れがくれに咲いておりました。　一本一本とすくう様に摘み取り二十本程に葉を添えて瓶に差しました。部屋の中に芳しい香りが漂っております。

少女時代清見ヶ丘へ行きまして足元一杯の鈴蘭を踏みながら、手に握れるだけ摘み取り何処までも一人で歩いても平気、随分世の中も陽気な時代でした。恐ろしい事も知らず育った昔、七十余年の経過はあの高台も変わった事でしょう。

去る九日のイベントは如何？成功でしたでしょうか？　息子が当日のラジオを一寸聞いたと言っておりましたが宣伝も有った様で御座いますね。

付きましては先日は再度大谷の歩みを御送り下さいまして、さすがお手のもの立派なコピーで感心致しました。しかしただ今は素人にもワープロやコピーが出来る時代、印刷業は如何かと案じる思いも致しました。

母校の移り行く姿、長い年月での栄枯盛衰の様子を読ませて頂きました。社会に名を挙げ、富を築き子女の成功を見た人、様々な人生が有った事でしょう。

私共田舎に埋もれて平々凡々と主人と共に今なお、つつがなく暮らしておりますのも唯一の幸せと感謝しております。当地は京都本山に近い事もあり浄土真宗の盛んな処で御座いまして、昨日は字のお寺で、親鸞聖人のお誕生を祝う（降誕会）が勤められました。

大谷で自然と培われました宗教心は消える事なく、心の支えとなり落ち着いた終焉を迎えたいものと思います。　御地は此れからが春、お祭りに運動会何もかもいっときに展かれますね。良き季節お楽しみ下さいませ。　先ずはご好意の程厚く御礼申し上げます。かしこ

五月十八日　佐々木活夫様

佐々木活夫様

半年がすぎてしまいました。過日は度々と大谷高校の歩みご送付下さいまして、お志御礼申し上げます。開校から戦時中、戦後と時代は移り変わり全然知らなかった事も知る事が出来まして、楽しく想像しております。

公職が多い傍らご旅行されました由、東北、関東方面へとお元気が伺われて大変嬉しく存じます。また次に関西方面にお出かけの節は何卒お立ち寄りのご予定を入れて置いて頂きます様にお願いします。　嫁の両親も六月に五泊六日の北海道旅行に出掛けられ、お土産物と話で目下北海道色をしております。三男の秀雄（池田に六歳までいました）九月頃に

夫婦で渡道したいと四男の信義のコースを辿って幕別、池田へ廻りたいと申しております。是非行きたいと言う機会がやっと到来したようです。

私共も老齢乍お陰様で暮らし居り、本日は主人事、老人会の最年長（寝たきりの方は別）ですが、神社の草刈の奉仕に出掛けられました。草刈の後はお握りの昼食があります。私も昨日はドクダミの採取と陰干しをする等、腰が曲がりながらも結構用事を致しております。

先日五月連休に長浜の牡丹寺へ参りました時の写真と家の前栽の写真をお送り致します。前栽は大きな縦石や庭石で一杯です。先代から自慢となった石垣や庭石やとうろう等ですが、反面傾いたりで維持泣かせとなって困ります。

大谷の歩みは整理して纏めて参ります。遂、頂きかけた学校記録まだまだ続きますが、続けるという事は、大変な事です。抜けても構いませんので何卒ご無理無き様にして下さい。ただ今梅雨の最中ですが、割合低温です。御地の農作が案じられますね。

今度は選挙、滋賀県もとんだ武村さんの抜け駆けで驚きといった具合です。では此れからは暑さに向う折柄、御身お大切になして下さいませ。遅れながら先日の御礼申し上げます。

かしこ

六月二十六日　　佐々木活夫様

花田みつ様

半年が過ぎました。其の後如何お過ごしで御座いますか？足の具合は良くなられましたか？皆様お変わり御座いませんか？本当に危ない、明け暮れと成りました。

池田にいました当時、家のお向かいの佐々木様（印刷所）より四月以来、「毎日新聞」紙上に掲載されております、大谷高女七十年の歩みの切抜きやコピー等を溜まると次々送って頂きまして在校当時や今、又終戦後になりますが、松山先生、花田さん、岸本さん、佐藤さん等の記憶、などの記事が出ていて私の知らなかった事も解り懐かしく読み続けております。未だ此れからも送って頂けそうなので、楽しみにして待っております。

本当に近くに住んでおられてご苦労様で御座いましたね。今度の衆議院選挙がありますが、まだ帯広の後援会婦人部長 ※(中川一郎衆議院議員)を在職なさってらっしゃるのでしょうか？滋賀県も武村さんが飛び出して来て大変になって来ました。驚きですね、何卒あまりご無理なさいませんせん様、お年も考えてご注意下さいませ。松山先生の奥様は如何ですか？今年は年賀状が参りませんでしたよ、次第に書く事が億劫になって参りますね。私、昨日はドクダミの採取をし陰干しにしました。

お茶として飲んでおります。何かと出来て幸せです。今の処、梅雨ですが、割合低温で凌ぎやすいのですが、内地特有の蒸し暑さになりますと、体には困ってしまいます。寒さも暑さも影響が大きく身にこたえます。何卒お体お大切して下さい。この記念切手を初めて貴方様の為に使いました。

六月二十六日　　花田みつ様

佐々木さま

北海道の天気予報を見ておりますと6月7月でも梅雨も無く晴れ続きの様ですが、内地は未だ梅雨が明けきらず、未だ暫く辛抱が必要です。菅田助次郎様ご他界の由、お気の毒で御座います。三男秀雄が雪を投入した下水に落ち、菅田さんのお父さんに助け上げて頂き、連れて来て頂いた事が有りました。着替えさせるやら、ストーブで体を温めるやら大変でした。本人も良く覚えております。

さて四月以来、大谷の七十年の歩みをお送り頂きまして依り、いよいよ最終回となりましたね。お手数をお掛けするので、恐縮と遠慮の言葉を申してはおりましたものの、実はもう送って下さるかと郵便を待つ事も度々にて言葉と本心は別で、矛盾していたもので御座います。本当に有り難う御座いました。

私は自分の作品を製本にしていますので、ノートも手作りが有り其の表紙に菩提樹の校章を画き表題を書き、頂いた記事をカットして貼り付けております。この最終回を貼り付け立派な記念の一冊が完成しました。

池田から四年間通学を共にしておりました、花田（山田）みつ様も新聞を切り抜いて綴っていると先日お便りを頂きましたが、いくらお達者でも文通をしあわなければ心は通じません。

現在も数人文通を交わす友があるのは、心の支えになり豊かな心持が致します。花田さんは今も政治面でも元気に活躍されておられます。

さて同封致しましたのは信楽のお茶で御座います。やや温めのお湯が宜しいかと存じます。相撲力士の三杉里の出身地で信楽焼きの狸でも有名です。お粗末ながら宜しくお召し上がり下さいませ。　母校は変遷の起伏は有れども新しく生き返って参りますが、此方はもう終着駅が近づいて参りました。穏やかであれと望んでおります。

先ずはお志、有り難う御座いました。　暑さの折柄、何卒御身お大切になして下さいませ。

また何時も新津様、渡様の近況お知らせ有り難う御座います。いずれ近々書中見舞いでお伺い致します。

かしこ
七月十日　佐々木活夫様
（この手紙と御礼のお茶を同梱してお送りする）

菩提樹にいだかれ（毎日新聞）　全70回のスクラップ帳

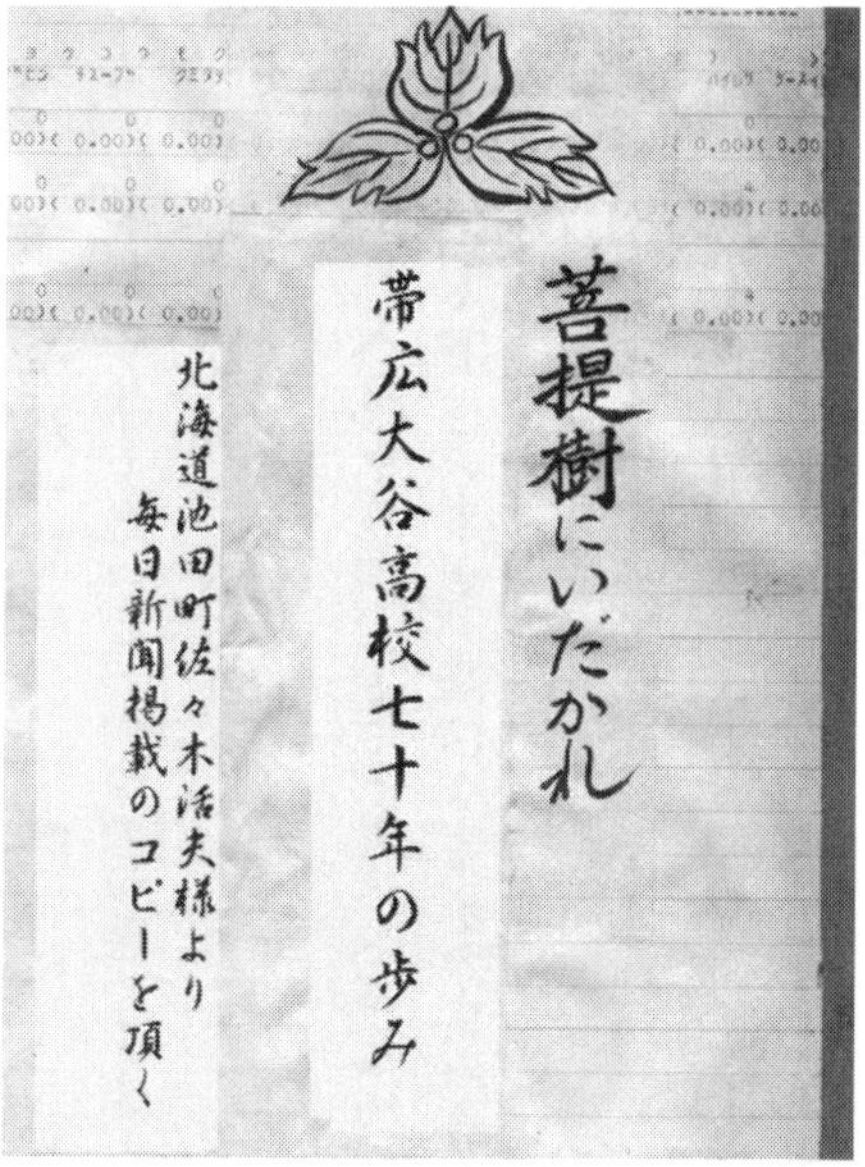

菩提樹にいだかれ

帯広大谷高校70年の歩み

1

校訓

住職らが誘致の先頭に

創立への機運

安田力

立教開宗700年の記念行事として計画

佐々木活夫様よりの手紙

大谷校関係の記事はこれで一応終わりました。良い記憶の蘇りに役立てばと願いながら一段落と致します。

不順天候の折皆様お達者で……

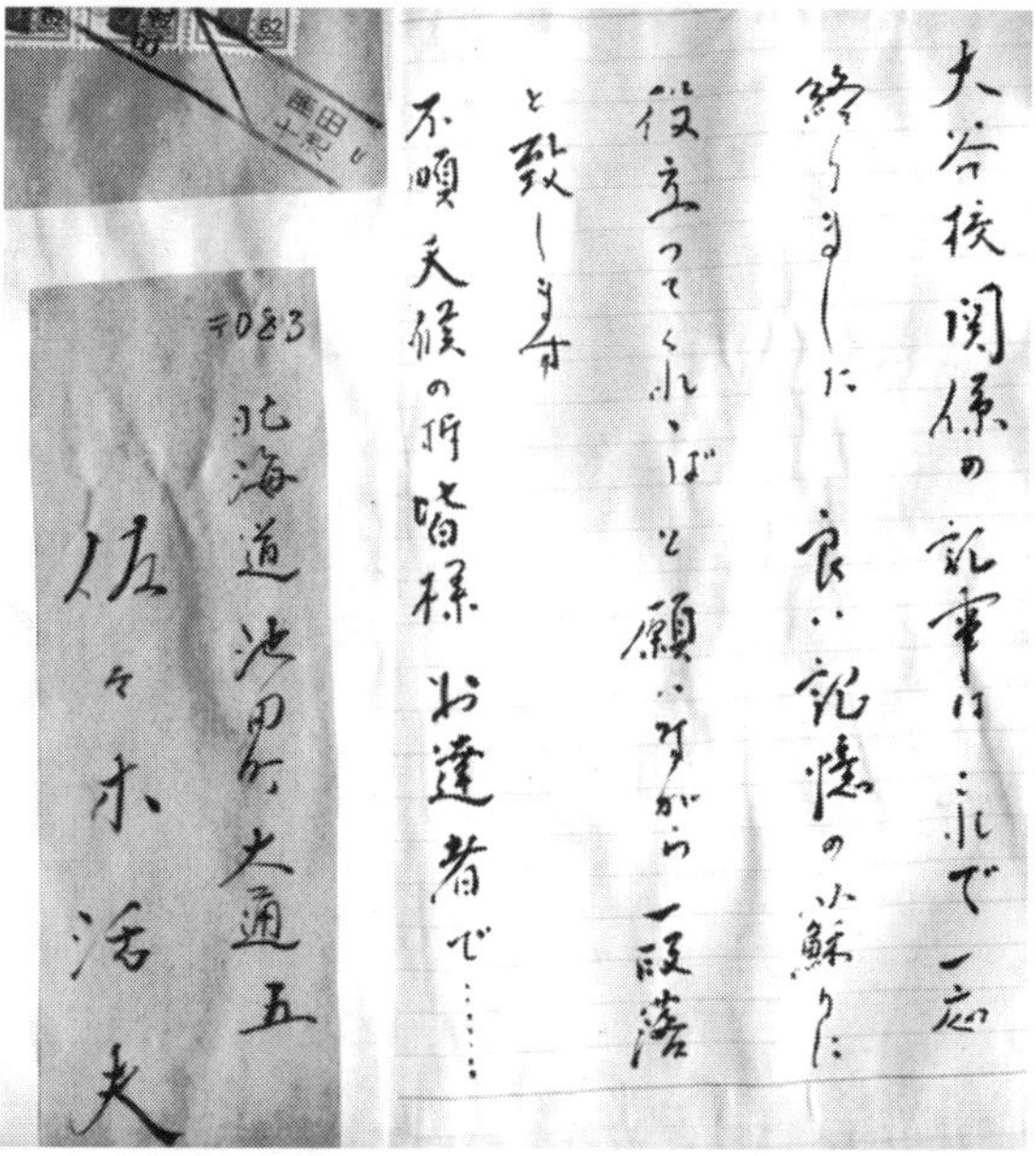

花田みつ様

北海道は晴れのマークが出ておりますが、此方は未だ梅雨の末期でもう暫くの梅雨明けが待ちどおしいです。先日はいろいろと御近況のお知らせを頂きご返事をと思っていましたら、又本日人物編を早速ご送付下さいまして、ご好意の程御礼申し上げます。

桃井さん、松永さんのご逝去の悲しいお知らせも有り、本当に終着駅を心に留めて大切に生きて行く事ですね。

七十年といえば永き年月、学校の発展に尽力貢献された貴女達本当にご苦労様でしたね。本当に有り難うと皆様に申しましょう。九人の方の現在のお写真を拝見し御懐かしく思います。精一杯生き抜かれて現存の強さを見る思いです。いや本当に良い一遍を有り難うございます。学校や皆様に、ご無沙汰している私に度々とお便りを下さる貴女に、私の手作りの物をお送りしたいと、かねがね思ってましたが、無事に暮らしている証として梅干、紫蘇粉、山椒の実を用意しました。

それから入院中の松山先生奥様へお慰めに手作りの手毬を入れました。これはどちらでも一個お渡し下さいませ。芯になる木の実の音もして全部手製です。

人形作りに毬作り、絵を描き、字を書き等など目と手がお陰様で未だ丈夫なので色々したい事が出来て楽しみです。梅雨が明けたら梅干を乾かし、腰を曲げ痛い痛いと思いつつ「あまり口には出しません」私に出来る事は何とか遣っております。何かと御心使いありがたく、時々お便り頂くのが楽しみ、何卒宜しくお願いします。

お出会いの皆様に宜しく「江美ちゃんは、未だ生きている……」と　ではさようなら、暑さの向う折柄お大切に。

七月十一日　　花田みつ様

佐々木活夫様

暑中お見舞い申し上げます。

やっと夏が遣って来たようです、いつも学校の記事やコピー御送り下さり厚く御礼申し上げます。人物編も懐かしくお便り出そうと思います。次第に暑さも増してくると存じます。何卒お体大切になして下さいませ。五丁目の皆様方の御近況、お知らせの程有り難う御座います。ご丁寧な御礼のお言葉を頂きかえって恐縮に存じます。

かしこ

佐々木活夫様

花田みつ様

暑中お見舞い申し上げます。

やっと夏らしくなって参りました。度々詳しいお便りを頂きまして有り難う御座います。先日の手毬を松山とき様、たいそう喜んで下さったとの事、私も大変嬉しいです。

またまた専念して作りたいと思います。学校の方々も随分母校にお尽くしになっていらっして本当にご苦労様で御座いましたね。私たちの人生の大半ですものね、もう暫く大切に生きましょう。どうぞ御身お大切に。

かしこ

花田みつ様

新津雅由様　渡八十三様

暑中お見舞い申し上げます。この夏は誠に不順な天候が続きますので何卒、お体お大切にお過ごし下さいませ。私どもお陰様で元気に致しております。佐々木活夫様より時々ご安否のお知らせを受けております。

ご返事には及びません。ご無事を願うばかりで御座います。

新津雅由様へ　渡八十三様へ

岸本ムラ様　松本芳枝様

暑中お見舞い申し上げます。　ご無沙汰いたしております。今回母校七十年の歩みのコピーを知人より頂きましたので台紙に張りつけて一冊の製本と致しました。

何度と無く記載されている貴女の記事やお写真に接し、お懐かしく存じますと共に永年に渡り地元近くに居られて母校の為に貢献されました事は、大変なご苦労でありました事と御礼申し上げます。

母校発展の陰　皆様のご尽力がしのばれ感慨無量で大切に読ませていただいております。何卒お体お大切に余生を楽しくお暮らしの程御願い申し上げます。

かしこ

岸本ムラ様　松本芳枝様

北村富蔵様

暑中お見舞い申し上げます。本当にやっと夏が遣って来たようです。先日　富蔵様から頂いた昔の写真を整理してアルバムに貼りました。(姉上や、母、私の幼児の頃のもの)記念に頂くメッセージや、スタンプ葉書は其の都度貼っておりますが、中に平成三年十月二十六日(母の祥月命日)此れが池田局の消印である事が、解りまして、驚きましたが、如何やって又消印のスタンプを手に入れられたか、なんとご親切に手に入った事と、どうも、うっかりして御免ください。本当に何時も有り難う御座います。これから、本格的な暑さとなります、どうぞ御身お大切になして下さいませ。

かしこ

平成五年八月三日

北村富蔵様

小林マサ様

暑中お見舞い申し上げます。

如何お暮らしでしょうか？　老体の身で御弱りになっていらっしゃるのか、それとも御不自由なお体なのでしょうか？　梨の礫であっても、この暑中のお伺いが、お手元に届き御目に入れて頂けるものと、念じつつ御送り致します。

母校大谷も開校七十年記念を迎え新聞に特集記事が掲載されておりましたが、七十年プラス入学時の歳で八十三　四　五歳　生き残っている者は数えるだけに成ってしまいました。在学四年間、楽しい思い出を残して下さった小林様、何卒、余生をお大事に、行く所まで望みを持って生き続けて下さい。

さようなら

平成五年　八月三日

小林マサ様

沢崎幸子さま

この夏は不順な天候でしのぎ易う御座いますが、世の中と共にパッと明るくは成りませんね。ご機嫌よく優雅なお趣味を楽しんでお過ごしとの事、誠に御結構かと存じます。

就きましては先日、平田より蓬健康茶と銘菓の堅ボーロを届けられまして、何時もながらご厚志ありがたく御礼申し上げます。お茶は家族一同の好みで御座いますし、ボーロは私専用?に頂く事に成っております。まあ今に暑い日が戻って参りましょうから、お大切に為さって下さいませ、先ずは御礼まで。

かしこ

平成五年　八月四日

沢崎幸子様

続けると言う事は中々出来ないものである。

手紙をうつし書きしようと思っていたのに、僅か五月から八月迄でしか続かなかった。その後、手紙は現在に至るまで書いている事は書いているのだが、それを此処へ写し直していないことである。

それはそれとして一年四ケ月の中断を経て、又このプレゼントされたノートの厄介になろうと思っている。さて此のノートに何を書こうか、どの様に生かそうか、まだ決めかねている。

平成六年十二月

新津雅由御夫妻
（H3 年 8 月 12 日）

渡吉治氏、渡八十三さん、
佐々木活夫氏、青山信義（H3 年 8 月 12 日）

花田みつさんとラワン蕗

京都　北村富蔵氏（H21 年 1 月 14 日　91 歳）

著者の青山江美　85 歳時

北村富蔵氏からの葉書

回想記を読んで

姪　門野喜美子（旧姓　谷）

甲良町出身　現在豊田市在住

このスケールの大きい回想記に、先ず感動しました。どの場面にも、江美伯母さんの一生懸命さが伝わってきて、まるで其の場面に一緒にいたような錯覚におちいるほどの描写には、ついつい引き込まれてしまいました。

母子二人が遠い蝦夷の地に、叔父の店を訪ねて行くまでの過程は、最初から試練の連続で、これからどうなるのかと気を揉ませられます。しかし徐々に北海道の暮らしにも溶け込み、のびのびと過した少女時代、つい微笑んでしまう女学校生活と現在の世相と比べて大らかな、人づき合いの出来た頃と青春時代の思い出は、まるで「映画」か「テレビの朝ドラマ」を観ているかのようでした。

更に戦時色の強まるさなか、北海道での皆既日食の様子が描写されていますが、欠け始めから完結するまでの様子を「一切が空か無か又は満か：云い得ず、書きえず」と詩文的に表現され、いかに感動したかが伝わって来ます。

また、物資不足の時代の苦労の数々、特に引揚げる前に背広を学生服に、仕立て直した等の記述は「エッ…どうやって？」と驚いたものです。そして長かった戦争が終わり、北の大地に平和がやって来た時の様子も印象的でした。辛かった時代から必死に立ち上がり、明日に向かって生きて行こうという、人々の強い気持ちに、感動を覚えたものです。

江美伯母さんは、何時も物静かで、体全体からの優しさを感じる方でしたが、其の家族を思う気持ちは、「守る」いう信念と実行力を兼ね備えた「シン」の強い人だったと改めて感じたものです。その家族が味われた戦時中、戦後の生活の様子は、悲惨な戦争を生き抜いて来た人達が少なくなっていく昨今、貴重な体験談として今後に語り継いでいかねばと思います。

つづら折り歌集からは、望郷への思いが切々と感じられ、折にふれの生活の中から詠まれた歌からは、伯母さんの人柄と感性を伺い知る事ができましょう。又これ等、望郷や生活以外にも数々の素敵な歌を作っておられますが、その中でも明日香の丘で詠まれた一首に

「人恋し山又恋しと万葉の　歌人立ちし丘にわれ立つ」があります。

私も万葉の奈良が好きで、かって明日香村を訪ねた時に、似た思いに耽《ふけ》った事が有ります。確かに、この丘に立つと自分自身が万葉の歌人となって、恋の歌を詠む姿を重ねる方も多いかも知れませんね。この様に、「これらの歌は、それぞれに誠に味わい深く、其れでいて解り易く、共に其の地の情景と心持ちを、共有、共感できるのです。」唯惜しむべきは、其の殆どの歌が今まで世に出ず未発表の由で、今回この本書を通じて、出来るだけ多くの読者のお目に留まることを期待する所です。

また他には手間入りの食べ物（私の小さい時に頂いたジャムはとても美味しかった）、さらに工夫された手芸作品（沢山の可愛い人形たち）、晩年から始められたと言う書画等、いつも果敢に趣味などに取り組まれる姿勢には、年齢的にも「これから行く道」の身と致しましては、生き方に於いても参考とさせて頂く事も多く、その様な意味において本書は一般的に言われている、いわゆる自分史だけに留まらず「その範疇《はんちゅう》を超えた作品」と言えるのではないかと、思ったものです。

終わりにこの回想記を残された伯母さん同様、此れを編集出版された「つづら折り回想記出版記念の会」の皆さんにも大きな拍手を送りたいと思います。

読書感

大山智樹氏　（東京都）

拝読したのは、平成十八年に96歳で他界された青山江美氏の半生記である。作品の末尾に昭和五十五年八月二十七日、著者69歳の日付と共に「此の記録がいづれの日か誰かの目に留まり、読んで呉れる者がいるか居ないかは別として、ただ書いただけの事に成るかもしれない」（P108）という著者の言葉がある。

だが子息らの手により、江美氏が書き残したいと願った「人に与える愛より受けた愛、幼い時の遠い記憶、故郷の自然、戦争の苦しみ、病気の苦痛、育児の苦楽、老境にまで生きて走って過ぎ去った人生」（同）は読みやすい形に纏められた。

文中や巻末には、古い数多くの写真を詳細なキャンプション付きで掲載する丁寧な仕事ぶりである。戦前から戦後にかけ、関西と北海道を行き来した人生を纏めた江美氏の奮励もさることながら、本冊子を編纂された「つづら折り回想記　出版記念の会」の尽力にも、先ずは敬意を表したい。

著者は京都に生まれたが、幼児期に父親が死去。後添えであった母は数え4歳の著者をつれて、呉服屋を営む親戚を頼って北海道へと渡る事となる。年号が明治から大正に変わって間もない頃である。列車と青函連絡船をのりついでの母娘二人の旅は、不安の多いものであった事が推察される。

果たして旅の途中、夜行列車でスリに財布を盗られるという被害に遭うのだが、（P11）先行きの旅費を駅員が貸してくれたと言う逸話に、当時の日本社会の情け深さが偲ばれる。

確かに現在と比べて便利ではなく、貧しさや理不尽さえも多かったに違いないが、娘を連れた母親にかける情けは、一介の国鉄職員でさえ持ち合わせていたのだ。

それにしても、本作品が執筆された当時でもすでに60年以上前の出来事を、鮮明にしていた著者の記憶力の確かさには驚かされる。それだけ印象的な出来事であったとも言えるが、著者が是非伝えてえておきたい体験の一つだった、とも言えよう。

北海道帯広の叔父の元に身を寄せた筆者は、いったん滋賀の母の親元に戻るものの、母が呉服店を任される事になり今度は本格的な北海道暮らしが始まる。大谷女学校への進学、18歳での結婚の後に戦争の暗い時代がやってくる。

経済統制が、商いをやっている著者の家族にも影響を与えないはずは無い。夫がその法に触れ、警察で取り調べを受けた際の「何処の店でも同じなのに、弱身の主人をどうして経済警察の面子に掛けても挙げなければ成らないのだ」（Ｐ50）の記述には、やるせなさが漂う。

戦時中の正月の模様(Ｐ52)など、当時のささやかな庶民の喜びを伝える記述も興味深い。また戦時下に信義氏を出産。其の後すぐに、兄の訃報を受け取った夫が、空襲下に島根県に遺骨の引き取りに出かける件も、はらはらとさせられた。

爆撃の恐怖や子供達を養うための買出しなど、多くの苦難をもたらした戦争が漸く終結後も、著者一家の生活は落ち着かなかった。

戦後日本に訪れた大変革、農地改革による土地の没収から、一握りでも耕地を引き継ぎたいとの思いで、著者一家は敗戦下、超満員のおんぼろ列車で、乳飲み子を含む子供五人を連れて、滋賀へ苦難の引揚げとなる。此の引揚げの記述も終戦直後の混乱の様子が生々しく、目の前に其の情景が浮かび上がってくる。

以後著者は、近江に住み続けることになるのだが、幼い日と多感な少女時代、そして、幾人もの子供達を抱かえた北海道の生活には、ひときわ成らない思いがあったものと思われる。そして此れまで縁を結んできた人々への感謝と深い信仰心とが表れた言葉で結ばれる。

【あとがき】には、困難な時代を生き抜いた女性の半生の重みが感じられて、読者の胸に熱い感動を呼び起こす。さらに文中や文末に其の時々の、心持を「つづら折り歌集」で表現しているが、其の一つ一つの詩《うた》は、其の時、其の場面の情景が目の当たりに浮かぶだろう。誠に詠み手の心情が切々と又生き生きと第三者にも伝わってくる。

やはり通信文（P116）についても述るべきであろう。私自身も最近は殆どメールとか電話で事を済ましている一人であるが、よい手紙というのは、書き手の心くばりや、思いやりなど優しさを相手方に伝える。そして「何度も読み返して余韻を楽しむことができる」のが手紙の利点であろう。

まさに著者は其れを体現されていて、この様な手紙を貰った人は、その心配りに癒されたり元気付けられたりして読み返された事であろう。

昨今は当時に比べ、より便利な時代だからこそ、受け取る相手にとってはより新鮮であり、自分のために書かれた手書きの文章に感動すら覚えるのではなかろうか。この様に本書は回想記のみに限らず文書とはなにか、言葉とはなんたるかに付き改めて考える機会を与えて呉れたように感じるのだ。

文中の関連写真

P9 京都市三条河原町　北村酒店跡

江美 0 歳時

P9　聖ザビエル教会（明治村）

左より常子・江美・新平

江美 3 歳時

母の実家(堀家)

P13 イメージ　菅野孝雄氏画（フォトアート）　　　帯広　大通り７丁目

旧帯広駅と旧帯広尋常高等小学校　（菅野孝雄氏画　上野敏郎氏提供）

P13 帯広の㋹呉服店(大正４年)

堀捨次郎
堀惣弥
北村かず
江美
仙右衛門

帯広神社（大正３年）帯広二建会提供

帯広神社（平成２１年）

P15 栄楽座　（菅野孝雄氏画　上野敏郎氏**「十勝帯広建物今昔物語り」**より提供　）

十勝平野　帯広近郊

日高連峰　十勝川を望む

P19 池田開拓の功労者
新津繁松翁顕彰碑　(フンベ山)

旧十勝川と野地(湿地)地帯

池田町　清見ヶ丘公園

P19 池田町街並み（ワイン城より）

根室線　池田機関区跡　踏み切り

十勝平野の日没（ワイン城より）

馬橇　池田町史より

P24 池田町　千代田堰堤（鮭の遡上場所）

池田小学校

利別川堤防　　池田神社

P25 池田尋常高等小学校

少女時代のお宝

大谷女学校お作法教室

P32 遠足　ペケレベツ川（十勝清水）

17 歳時

修学旅行　トラピスト修道院

修学旅行　洞爺より羊蹄山を望む

P40　昭和 6 年滋賀県にて披露宴

前列左より青山元次郎・春子・江美・博道・新平・仙右衛門・龍子・中村いと・九一郎・九五郎・

後列左より山内たね・村林てい・青山いく・青山正夫・青山照子

P38　荒神山（かっての松茸山）より琵琶湖を望む

P44 青山仙右衛門葬儀(s 12 年 8 月 7 日)

s 16 年 12 月 9 日の読売新聞　旧帯広病院　（菅野孝雄氏画　上野敏郎氏提供)

夕刊
讀賣新聞

暴戾米英に對して宣戰

畏し大詔渙發

詔書

御名御璽

グアム島わが包圍

危急の日に
高村光太郎

今朝來香港

上海在港

獨伊對米

P53 旧志田病院小児科（菅野孝雄氏画　上野敏郎氏提供）

白糠丘陵から望む十勝平野の夕焼け

P63 戦闘機の隼　愛国　堤号

堤いと雪中行商図

堤いと子雪中行商の図

戦時の広告

抽選付切手の広告

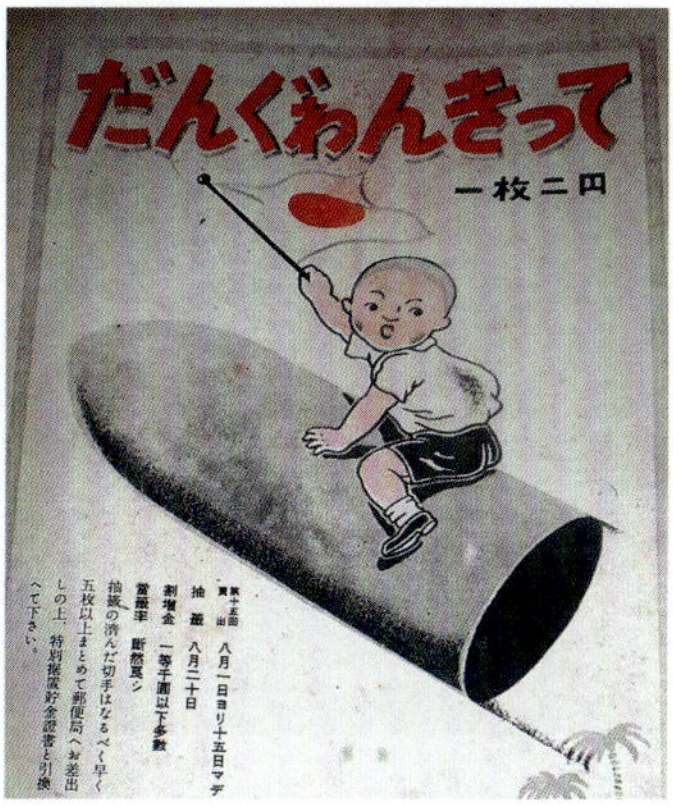

戦時の広告

P60 新田ベニア工場

新田邸跡と診療所跡

新田ベニア　防水池、貯木場

幕別町の街並み　(平成 21 年)

旧幕別尋常高等小学校　（菅野孝雄氏画　上野敏郎氏提供）

校歌
畑に稔りの風わたり
工場の音も逞しく
賑わう町に
わたしらは
楽しく元気に
学びます
Takao_k

猿別川河川敷（旧幕別小学校の北側）

幕別町　銭湯

新田ベニア社宅跡

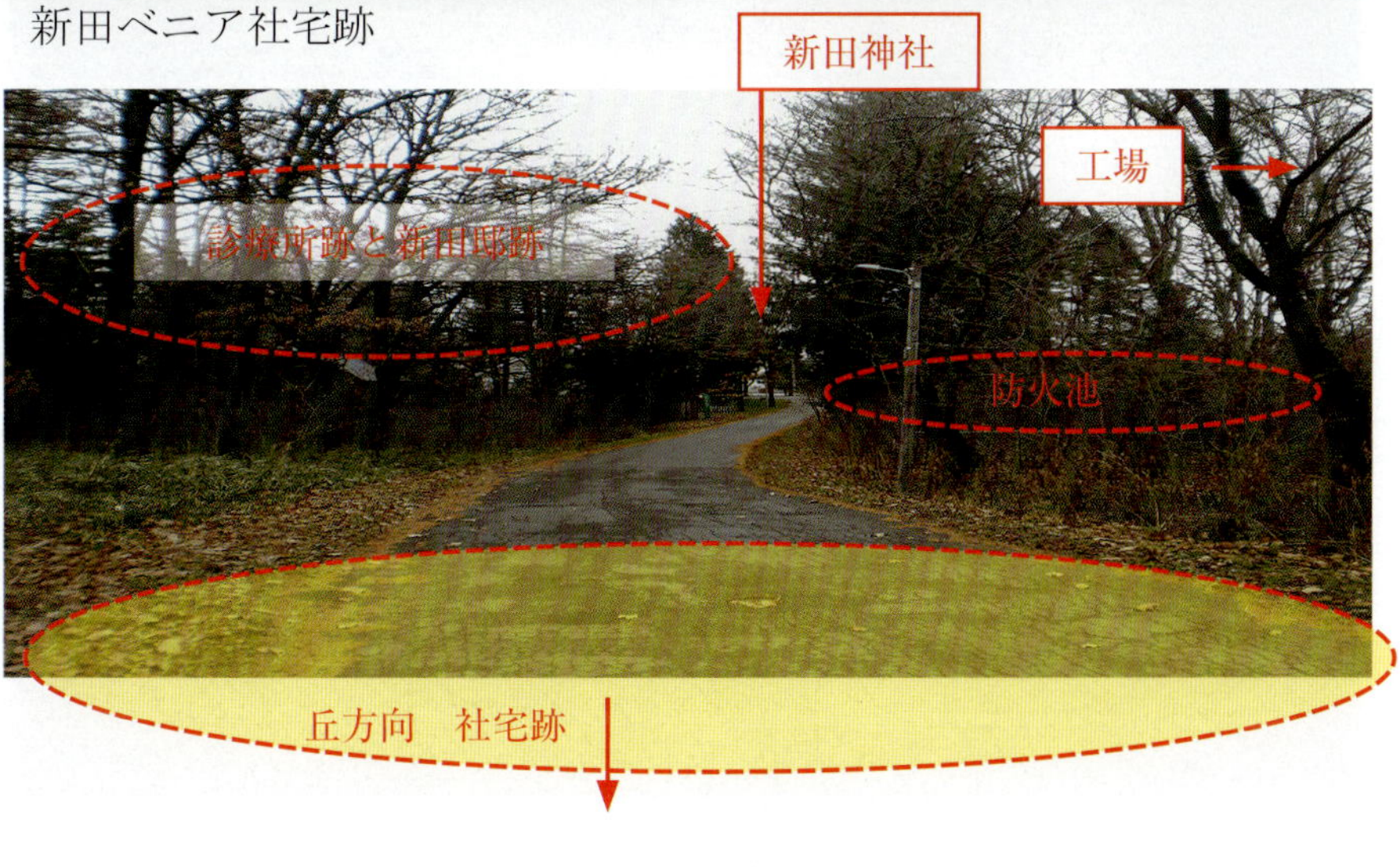
新田神社
工場
診療所跡と新田邸跡
防火池
丘方向　社宅跡

P74 幕別の爆撃跡（s 20 年 7 月 14 日）

島根県益田港

長島様農場付近

P71　高島中学校(旧高島国民学校跡)　　　高島駅跡（援農地の駅）

池田町立 高島中学校

たかしま
高島
TAKASHIMA
(中川郡池田町)
ゆうたり YUTARI
さままい SAMAMAI

旧高島国民学校グラウンド

P82 八木沼渡し跡

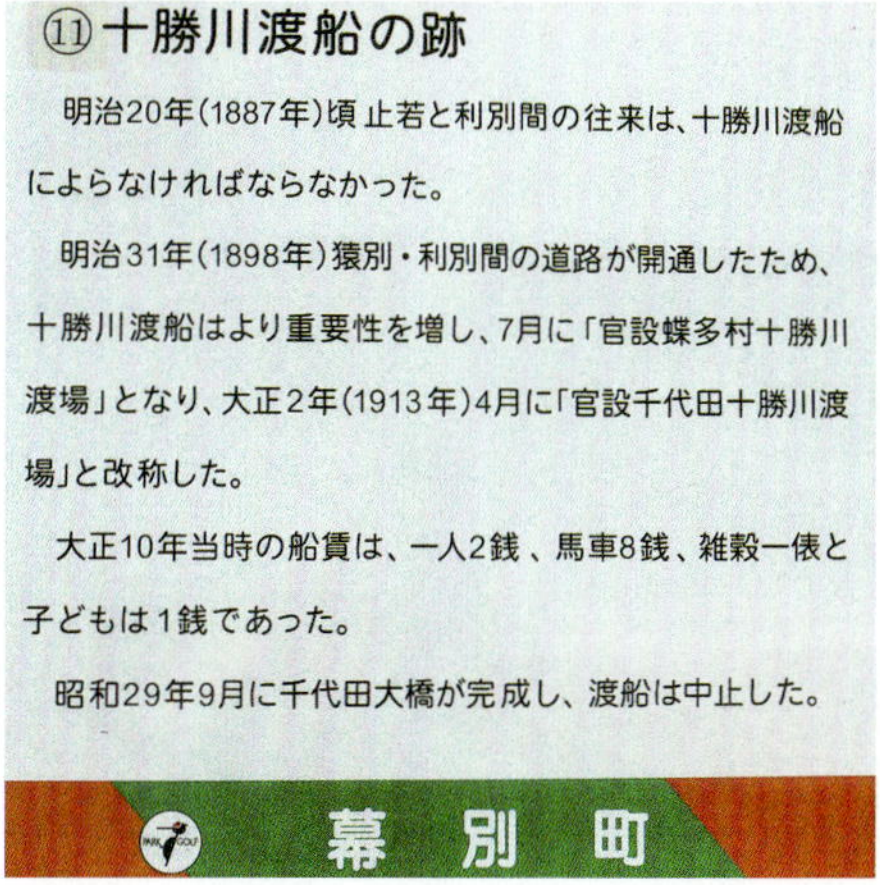
⑪十勝川渡船の跡
明治20年(1887年)頃 止若と利別間の往来は、十勝川渡船によらなければならなかった。

明治31年(1898年)猿別・利別間の道路が開通したため、十勝川渡船はより重要性を増し、7月に「官設蝶多村十勝川渡場」となり、大正2年(1913年)4月に「官設千代田十勝川渡場」と改称した。

大正10年当時の船賃は、一人2銭 、馬車8銭、雑穀一俵と子どもは1銭であった。

昭和29年9月に千代田大橋が完成し、渡船は中止した。

幕 別 町

P82　十勝川　八木沼の渡し場跡

P87 池田町　俊教寺　釣鐘堂

引揚げ時皆様に買って頂いた膳、椀、重箱等

P91 青函連絡船（旧の函館引込み線）

P93 旧米原駅（s10 年代）

P96 旧豊郷小学校（H23 年）

北海道から持ち帰った思い出の品々

瓶てまり（北村かず作）

パン作り器等

信義の防空頭巾

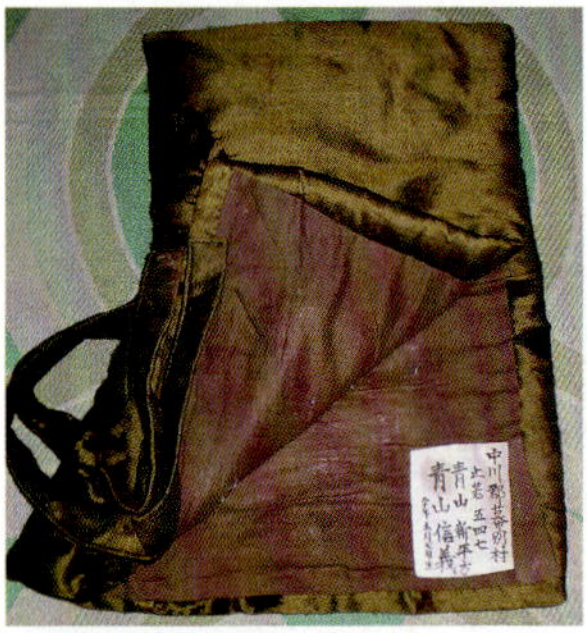

博道の中学時の訓練帽

江美の雪下駄　スパイク

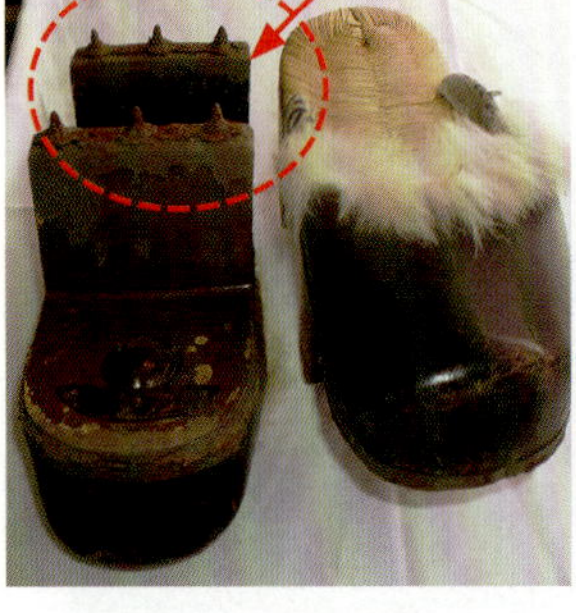

新平の靴

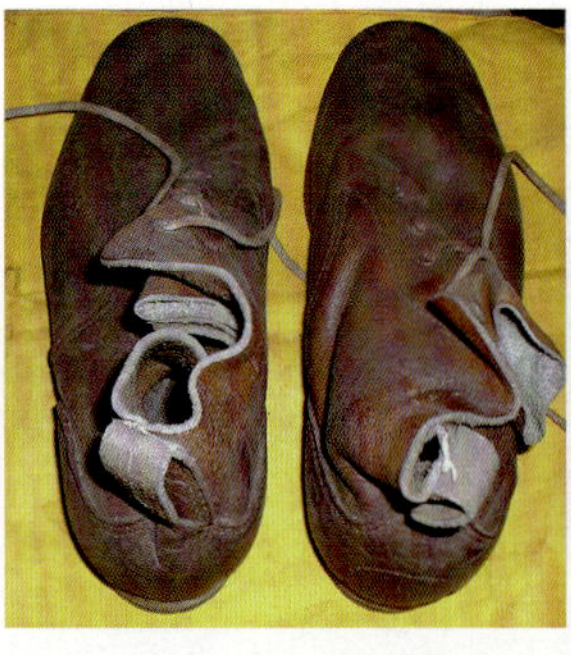

信義の靴（江美手作り）

算盤と時計の教材　木のパズル

木組の模型

十勝石（黒耀石）

めんこ（パッチ）

店の帳面

板製のカルタ（百人一首）等

手書きのカルタ

江美作品集

手作り人形・手芸品

手作り製本・装丁

一覧

万葉の旅・かな文字集・石川啄木集・九条武子歌集・
近江百人一首臨書集・名筆臨書集・書道唐詩百選・漢詩集・
小倉百人一首・歴代和歌選集・親鸞聖人奉賛歌・他
座右の銘集・正信偈和賛・漢詩集　つづら折れ歌集

S62年の書　丁卯年如月　76歳

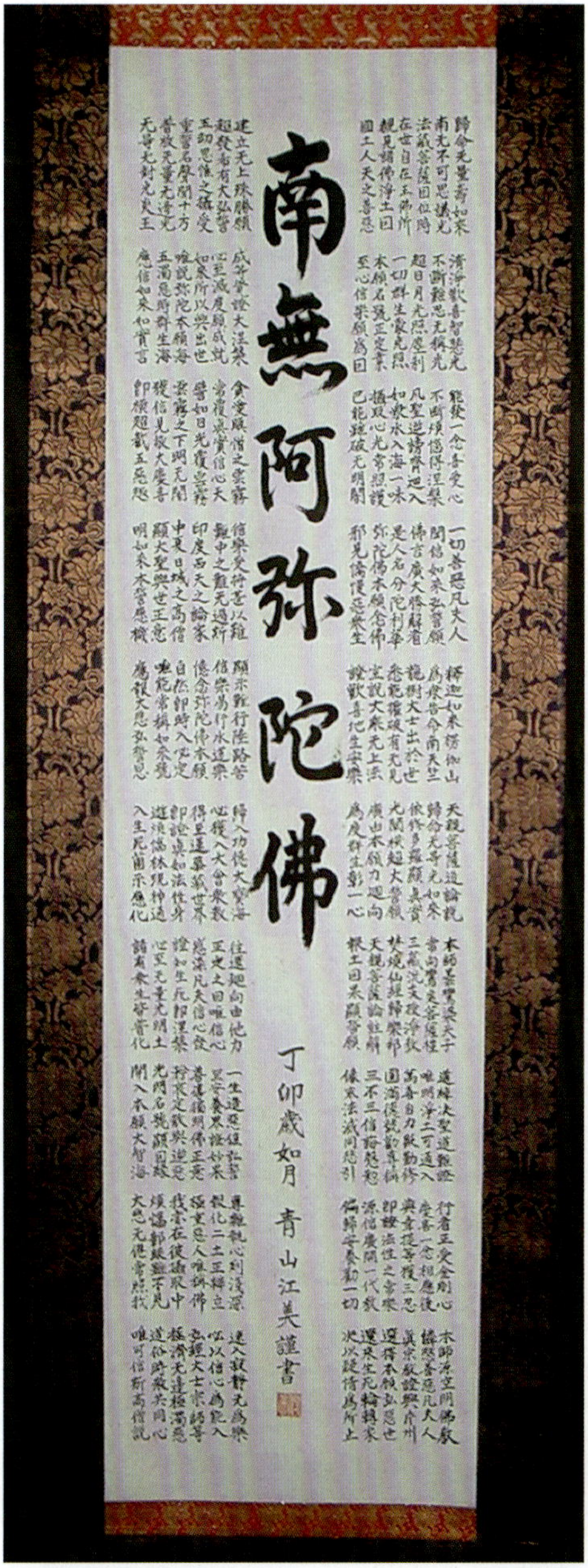

水彩画　（茜さす紫野…）

水彩画（童女）

十一面観音菩薩 H3年　傘寿

手作り人形　H3年80歳時の作品

チルチルミチルと青い鳥

s10年25歳時の手作り人形

手芸品

■著者略歴

青山　江美（あおやま　えみ）

明治44年　京都河原町三条で生まれる

大正３年　父北村幸吉と死別。

大正４年　母子２人で北海道（帯広）の叔父の店を頼って渡道。

大正６年　事情により一時、滋賀県稲枝の母の実家に身を寄せ、１年余りを過ごす。

大正７年　再度の渡道となる。母は池田町で呉服店を開業。そこで少女時代を過し十勝の大自然の中で、多くの得がたい体験をし後に本書の元となす。

大正12年　帯広の大谷女学校に進学、其の後の人格の形成や精神の育成に大きな影響を受ける。昭和２年３月卒業

昭和３年12月　18歳で結婚。家業の呉服店も順調に発展し子供も得るが、その後、日支事変と共に戦争の暗い時代に突入していく。

昭和18年11月　企業整備令により呉服店を閉店し幕別村に移住。

昭和20年７月　幕別の新田ベニヤ社宅に爆撃を受け危うく難を逃れる。

昭和21年10月　滋賀県へ苦難の引揚げ、永住地となる。

昭和55年８月　69歳時に本書『つづら折り回想記』のもととなる手記を執筆。

平成18年５月　96歳にて他界。

つづら折り回想記（望郷 北の大地）

2011年５月30日　第１版１刷発行

著　　者　青山江美

編集発行　青山信義

発　　売　サンライズ出版株式会社

〒522-0004　滋賀県彦根市鳥居本町655-1

TEL 0749－22－0627

http://www.sunrise-pub.co.jp

ISBN978-4-88325-453-8　Printed in Japan